이거 참 쑥스럽구만

웃음과 함께 걸어온 유쾌한 인생, 수줍게 전하는 진심

PRODUCTION

이거 참 쑥스럽구만

DIRECTOR		임하룡	
SCENE	하룡서당, 도시의 천사들 청춘을 돌려다오, 추억의 책가방 귀곡산장, 봉숭아학당 웰컴 투 동막골		Day · Night Inst Ext Mos Fillter Sync

프롤로그

이거 참 쑥스럽구만!

78년에 연극 〈포기와 배스〉로 출발해 78년에 라디오, 81년에 TV에 출연하면서 얼굴을 알린 지 벌써 시간이 이렇게 흘렀다. 서른 살의 청년은 70세가 넘었고, 세상은 수없이 바뀌었다. 그래도 나는 변하지 않은 것만 같다.

   나는 변하지 않은 것 같은데 이제는 소위 말하는 '대선배'가 되었다. 인터넷에 나를 검색해 보면 온갖 미담과 미사여구가 올라와 있다. 너무나도 쑥스럽다. 그래도 내가 살아온 지난 세월을 반추하며 그때를 기억하는 사람들과 함께 추억하고 그때를 모르는 사람들에게 이런 날들도 있었다고 알려주고 싶었다.

내가 즐거운 것, 타인에게 웃음을 주는 것을 찾아 다닌 세월이었다. 많은 일이 있었고 많은 사람을 만났다. 이제와 생각해 보면 감사한 일투성이다.

나와 콤비를 꾸려 유행어를 만들고 함께 울고 웃었던 동료들, 많은 가르침을 주었던 선배들, 오히려 내가 더 배울 것이 많은 후배들. 그리고 늘 내 옆에 있어주었던 가족들.

어쩌면 나는 인복 안에서 사랑을 먹고 자랐다. 긴 세월 함께 웃으며 지내온 것에 대해 또 감사함을 느낀다.

이 책에는 내가 지나온 인생을 진심으로 담았다. 이런 일도 있었지, 저런 일도 있었지. 이제와 다 지난 이야기지만 임하룡이라는 사람을 만든 이야기들이다. 세상에 책을 내놓는다는 것이 쑥스럽기도 하지만 읽는 이들에게 잠시 따뜻함을 전할 수 있으면 좋겠다.

젊은 오빠 임하룡

추천사

아주 오랜만에 임하룡 선배님에게서 전화가 왔다. 병원에 다녀오는 길이라며 안부를 묻는 목소리에, 건강은 괜찮으시냐고 되물었더니 "내가 왕년에 스텝을 많이 밟아서, 발목이 고장 났지 뭐"라며 웃어넘기셨다. 그런 너스레와 여유가 딱 선배님다웠다. 늘 상대를 먼저 배려하면서도 어디서든 유머와 센스를 잃지 않는 사람. 인생이 늘 기쁨으로만 채워지는 것은 아니고, 때로는 아프고 힘든 순간도 있지만 그런 순간들조차 위트 있게 받아들이는 그의 삶의 태도는 마치 영화 〈인생은 아름다워〉 속 로베르토 베니니를 떠올리게 한다.

선배님과 나는 어릴 적 방송국을 오가며 여러 해 마주쳤고 그 사이 친분이 쌓였다. 그날은 특유의 웃음 뒤로 "책을 쓰게 됐는데 추천사를 맡아줄 수 있겠느냐"라는 말씀

이거 참 쑥스럽구만

을 덧붙이셨다. 짧은 대화였지만 그 속에 선배님의 유쾌함과 겸손함, 따뜻함이 고스란히 담겨 있었다. 흔쾌히 수락하지 않을 수 없는 제안이었다.

그만큼 임하룡이라는 아티스트는 내가 오래도록 존경해 온 한결같고 변함없는 사람이다. 작품 시사회든 어떤 경조사든 늘 먼저 챙기고 안부 인사도 잊지 않는 사람. 선배님은 늘 별거 없다고 대수롭지 않게 웃어넘기시지만, 나는 안다. 그 발걸음 하나하나가 얼마나 정교하고 깊은지를.

이 책을 펼치게 된 독자들 역시 분명 임하룡이라는 사람을 기억하게 해준, 동시에 발목의 통증도 함께 가져다준, '다이아몬드 스텝'을 떠올리며 향수 어린 미소를 짓게 될 거다. 그리고 그의 인생 전반에 걸쳐 자연스레 자리한 위트와 겸손을 공감하게 될 거다. 책 제목처럼, 임하룡의 인생은 '쑥스럽지만' 멋지고 진심으로 따뜻하다는 것을.

영화배우 이병헌

목차

프롤로그	004
추천사	006

1장 웃긴 아이 임한용

임 상무의 아들	012
불효자는 웁니다	019
감수성이 풍부했던 어린 시절	028
마음에 불을 지핀 트위스트	033
방황하던 시절 은사님	039
가장이 되다	043

2장 한 우물 파기

방송을 시작하다	056
일이 풀리는가 하면 다시 꼬이고	061
콤비는 나의 힘	065
쏟아지는 아이디어	071
자고 일어나니 스타가 되다	077
한 우물을 파라? 적어도 그 우물 근처에서 서성대기	083
내 팔자, 내 운명	085

최초의 프리랜서	092
유행어에 목숨 걸다	096

3장 새로운 시작-진심의 힘

콩트가 저물던 시기	104
영화에 발을 들이다	107
사이코 드라마	113
내가 계속할 수 있는 이유	118
난 사실 가수	120

4장 웃으며 살기

졸작	130
주변을 챙겨야 멀리 갈 수 있다	145
요즘의 일과	152
눈에 넣어도 안 아픈 손녀들	157
나의 아버지	163
조심스럽게 무난하게	169
나의 오랜 동료, 나의 귀인들	172
무대 위에서, 나는 여전히	181
이제야 보이는 것들	184
결국, 모든 것은 나를 위한 풍경이었다	188

1장 웃긴 아이

임한용

이거 참 쑥스럽구만

SCENE

임 상무의 아들

나는 충청북도 단양에서 5형제의 장남으로 태어났다. 그곳은 정말이지 경치가 좋고 물이 맑은 시골 마을이었다. 세간에는 '단양팔경'으로 널리 알려진 명소이자 품질 좋은 마늘이 자라나는 고장이기도 하다. 나는 그런 맑고 깨끗한 동네에서 태어나고 자랐다. 할아버지도 아버지도 외아들이었던 귀한 집안에 대를 잇는 장손으로 태어나 온 가족의 사랑을 한 몸에 받았다. 그러다가 내 밑으로 남동생만 내리 4명이 태어났다. 그렇게 나는 북적이는 5형제

이거 참 쑥스럽구만

의 든든한 장남이 되었다.

내 본명은 임한용인데, 고향에서 사람들은 나를 이름보다는 임 상무의 아들이라고 불렀다. 아버지는 동네에서 모르는 사람이 없는 저명한 인사였다. 농협의 전신인 농업은행에 오래 근무하셨다. 내가 고등학교 때는 한국 마사회로 옮기셨고, 자금을 담당하기도 하셨다. 상무 직함으로 오래 일하셨던 아버지가 있어 나는 주로 '임 상무의 아들'이라는 별명으로 불렸다. 그 시절 우리 집은 그런대로 부유했다. 다른 친구들이 닳아빠진 고무신을 신고 보자기에 책을 둘둘 말아 학교에 다닐 때 나는 무궁화가 그려진 번쩍이는 가죽 가방을 메고 부드러운 세무 잠바를 입고 학교에 다녔다.

단양에서 보낸 유년기는 오롯이 조부모님 손에서 왕자처럼 귀하게 보낸 시간이었다. 아버지의 직업 때문에 가족들은 여러 지역을 옮겨 다니며 생활했는데, 학교에 다니던 나를 조부모님이 보살펴 주셨다. 어릴 적부터 조부모님에게 세상 모든 예쁨을 독차지하며 자란 것이다. 물론 귀하게 자랐다는 말은, 사실 무척이나 버릇없는 도련님이었다는 고백이기도 하다. 어린 시절 할머니는 내가 원하는 것은 뭐든 들어주려 애쓰셨다. 내가 밥투정을 하며 먹기 싫다고 고개를 저으면 할머니는 금세 곁으로 다가와 다정하게 물으셨다. "우리 강아지, 밥 비벼줄까? 아니면 맛있게 볶아줄까? 그것도 싫으면 국에 말아줄까?"

결국 나는 내가 원하는 밥상을 받고서야 마지못해 숟가락을 들었다. 그러니 세상이 내가 바라는 대로 돌아간다고 생각하는 도련님일 수밖에.

내가 다니던 초등학교(당시는 국민학교)는 집에서부터 놋재라는 제법 높은 고개를 넘어간 곳에 있었다. 어린 나는 매일같이 고개를 넘어 학교에 다녔다. 그 시절에는 비가 오나 눈이 오나 학교는 반드시 가야 하는 곳이었다. 아이가 고개를 넘어 통학하는 것 또한 그리 드물지는 않았다. 어느 날은 혼자 학교에 가기도 했지만 대부분 동네 형누나들과 어울려 고개를 넘어 학교에 갔다. 오래 매일 걷

이거 참 쑥스럽구만

고 또 걸어서 그런지 나는 어릴 적부터 무척 튼튼한 아이였다. 부잣집에서 온갖 사랑을 받으며 귀하게 자라 얼굴은 동그랗고 몸은 통통했었는데, 거기에 매일 고개를 넘으며 운동을 많이 해 하체는 단단하기 그지없었다. 오죽하면 별명이 '백곰'이었다.

그렇게 어린 임한용은 아무런 근심도 걱정도 없는 아이였다. 사랑을 듬뿍 받으며 자라 잘 웃고 또 잘 우는 지극히 평범한 아이였다. 학교에서는 공부도 곧잘 했고, 친구들과도 스스럼없이 잘 어울렸다. 고집은 황소같이 셌지만, 마음은 착하고 구김살 하나 없이 맑게 지냈다.

경치 좋은 시골에서는 학교 수업이 끝나는 종이 울리면 친구들과 곧장 개울가로 뛰어갔다. 그곳은 친구들과 함께 마음껏 놀 수 있는 우리들의 천국이었다. 맑은 물이 쉼 없이 흐르는 개울에는 어린아이들이 종일 놀아도 지치지 않을 놀잇감들이 가득했다. 물살에 닿아 맨들맨들해진 조약돌들, 투명한 물속을 떼 지어 헤엄치는 작은 송사리들. 심지어 어디서 흘러 들어왔는지도 모를 쓰레기조차 아이들 눈에는 모두 신기한 놀잇거리로 보였다.

물론 놀다 보면 다치는 일도 부지기수였다. 옛날에는 유리로 된 어항들이 많았다. 어느 날 누가 개울에 어항을 가져다 버린 것인지, 계곡에 들어갔다가 깨진 유리 조각에 발바닥을 심하게 베인 일도 있었다. 발바닥 가득 날카로운 유리가 박혀버렸다. 그때 피 흘리는 발에서 유리 조각을 하나하나 빼느라고 고생을 했었다. 아이들은 다치면서 크는 거라지만 지금 생각해 보면 정말 큰 사고가 될 수 있는 아찔한 경험이다. 그러고 보니 또 하나 잊을 수 없는 일이 있다.

친구들과 함께 계주를 하듯이 바통을 주고받으며 달리기를 한 적이 있다. 어디서 본 것은 있어서, 한 사람이 달리다가 손에 쥔 무언가를 다음 사람에게 건네고, 그것을 건네받은 사람이 다시 힘껏 달리는 이어달리기를 무척이나 즐겨 했다. 바통이 무엇인지도 몰랐던 우리는 길에 떨어져 있던 나뭇가지를 주워서 사용했다. 하필 그날 우연히 바통으로 사용한 나무는 끝이 칼날처럼 뾰족한 나

이거 참 쑥스럽구만

무였다. 그 나뭇가지를 손에 들고 전속력으로 달리다가 그만 두꺼운 내 다리에 내가 걸려 앞으로 크게 넘어지고 말았다. 그 순간, 손에 들려 있던 뾰족한 나무 끝이 내 눈 바로 아래를 깊숙이 찔렀다. 상처에서는 뜨거운 피가 철철 흘러내렸다. 아직까지도 그때의 흉터가 희미하게 남아 있을 정도로 깊고 큰 상처였다. 말 그대로 실명의 위기였지만, 어린 나에게는 그런 아찔한 위험보다 당장 집에 가서 혼날 일이 더 큰 걱정이었다. 나는 근처에서 뾰족한 돌멩이에 피를 묻혀서 집에 가져가, 넘어져 돌에 박았다고 천연덕스럽게 거짓말을 했다. 야단맞는 것이 세상에서 제일 무서웠던, 그렇게 어리고 미련한 아이였다.

그렇게 지치는 줄을 모르고 온종일 뛰어놀다 보면 어느새 해가 뉘엿뉘엿 서산을 넘어가곤 했다. 해가 지면 친구들과 헤어져 집으로 돌아갔다. 매일이 어제와 같고, 내일이 오늘과 같을 평화로운 나날이었다. 좋은 공기를 마시고, 매일 걷고, 마음껏 뛰놀던 나날들. 어쩌면 그때의 햇살이 지금까지 나의 건강을 굳건히 지탱해 주고 있는 건 아닐까?

낡고 바랜 사진 속 우리 가족들. 이모 시집 가던 날.

백곰이라는
별명이 붙었던
4살 때의 나.

이거 참 쑥스럽구만

SCENE

불효자는 웁니다

어릴 적 부모님은 내가 상대에 진학하기를 바라셨다. 그것도 서울 상대. 세상 어떤 부모이든 다 그렇듯, 내가 자라 선생님이나 장군처럼 명예롭고 타인의 존경을 받은 직업을 갖는 것이 부모님의 소박한 꿈이었다. 사실 나의 꿈도 부모님의 기대와 크게 다르지는 않았다. 예전에는 "커서 대통령이 될 거예요"라고 망설임 없이 외치는 아이들이 적지 않았다. 대통령, 장군, 선생님… 모두가 큰 꿈을 꾸는 것이 당연했던 시절이었다.

그러던 내가 5학년 때 포스터를 그려 상을 받은 일이 있었다. 무려 도지사상이었다. 비록 지금은 그때의 작품이나 상장을 갖고 있지 않지만, 어떤 걸 그렸는지는 아직도 기억에 선명하다. 기차가 멀리서 힘차게 달려오는 광경을 원근법에 맞춰 무척이나 멋지게 그려낸 그림이었다. 나는 그때 처음으로 내가 그림에 소질이 있다는 것을 알았다. 아니, 그림을 그리는 일이 내게 큰 즐거움을 준다는 것을 깨달았다. 바로 그 순간 내 마음속에는 처음으로 화가가 되고 싶다는 새로운 꿈이 조심스럽게 자리 잡았다.

그림뿐만 아니라 공작도 잘했다. 어쨌든 타고난 손재주가 좋아서 이것저것 무언가를 만들거나 조립하는 일들을 어렵지 않게 곧잘 해내곤 했다. 이때 시작된 미술에 대한 관심은 먼 길을 돌아 지금까지 이어지고 있다. 본격적으로 붓을 잡고 그림을 그리기 시작한 것은 2018년 무렵이지만, 그전에도 종종 그림을 그리면서 소소한 취미로 즐겨왔다. 그리고 아마 이때부터였을 거다. 대통령이나 장군 말고, 내가 진짜 되고 싶은 것은 어쩌면 전혀 다른 뭔가

이거 참 쑥스럽구만

가 아닐까 하는 생각도 들었다.

그것이 정확히 무엇인지를 깨닫게 된 건 중학교 1학년 때 일이었다. 나른한 오후, 꾸벅꾸벅 조는 아이들로 가득한 교실에서 선생님이 문득 나를 지목했다. 그때 내가 27번이었나. 앞으로 나와 노래를 한 곡 불러보라는 것이었다. 마지못해 쭈뼛쭈뼛 단상으로 나가긴 했는데, 그때 나는 시골에서 올라와서 아는 노래도 없었다. 변변한 동요 한 곡 제대로 알지 못했으니… 어떡하지, 발만 동동 구르다가 문득 할머니가 곧잘 불러주시던 자장가가 머릿속을 스쳐 지나갔다. 할머니는 강원도 분이셨는데 '꼬불꼬불'이라는 노래를 종종 흥얼거리곤 하셨다. "꼬불꼬불 첫째 고개 첫사랑을 못 잊어서 울고 넘던 아리랑 고개~ 꼬불꼬불 둘째 고개~" 하면서 열두 고개까지 넘어가는 긴 노래였다. 지금은 아쉽게도 다 까먹었지만.

교실 앞에 선 나는 우물쭈물 노래를 부르기 시작했다. 음정도 제멋대로에 박자도 전혀 맞지 않는 노래였다. 내가 어색한 노래를 한 음절 한 음절 부를 때마다, 교실 여기저기서 친구들의 웃음이 터져 나왔다. 곧 교실은 감당할 수 없는 박장대소로 가득 찼다. 서울에서 나고 자란 애들은 그런 노래를 잘 몰랐나? 음정도 박자도 너무 이상한데, 가사마저 우스꽝스러우니 반 전체가 아주 뒤집어졌다. 덩달아 나도 신이 났다. 나는 더욱더 큰 소리로 노래를 불렀고 친구들은 배를 잡고 깔깔대고 웃었다. 이 모습을 가만히 지켜보시던 선생님은 웃으며 말씀하셨다. "그래. 너 오락반장." 그때 친구들의 환하게 웃는 모습을 보고 나는 속으로 '그래, 이거다!'라고 외쳤던 것 같다. 내가 하는 사소한 행동과 말이 다른 사람을 즐겁게 만들 수 있다는 사실이 온몸에 전율처럼 느껴졌다. 그건 정말 짜릿한 경험이었다.

그날 이후로 나는 오락반장이 되었다. 그러면서 자연스럽게 흥사단에 들어가게 되었다. 흥사단은 옛날 도산 안창호 선생을 비롯한 항일 운동을 하시던 분들이 만든 민족 운동 단체였다. 내가 활동하던 시기에는 이미 젊은이들이 함께 어울려 문화를 교류하는 단체로 성격이 바뀌어 있었다. 흥사단 안에는 젊은이들끼리 모임도 있고 여러 반이 나뉘어 있어 서로 활발하게 교류할 수 있었다. 나는 거기서 레크레이션반에 들어가 어조목 게임, 땅따당 게임 같은 여러 가지 게임을 배우고 마음껏 즐겼다. 그렇게 배운 것들을 고스란히 소화한 후에는 다시 반으로 돌아가 친구들 앞에서 선보이며 즐거운 시간을 이끄는 역할을 도맡았다. 웃음의 가장 중심에 서 있다는 것이 나에게 커다란 희열이었다. 그렇게 나는 친구들 사이에서 '재밌는 아이'로 확실하게 자리 잡았다. 학교 친구들은 누구든 '임한용' 하면 "아~ 걔 웃긴 애!" 하고 말할 정도였다. 그런 학창 시절을 보내면서, 남에게 웃음을 주는 일을 평생 계속할 수 있다면 어떨까 하는 생각을 어렴풋이 가지게 되었다. 공부보다는 즐거운 것들에 흠뻑 심취한 나날들이었다.

부모님은 내가 공부를 열심히 해 대학에 진학하고 번듯한 직장을 가지길 원했겠지만, 나에겐 나의 꿈이 있었다. 어찌 보면 그것을 불효라고 부를 수도 있을 것 같다. 그러나 공부 대신 웃음을 택한 나의 선택에 단 한 순간도 후회는 없었다.

이거 참 쑥스럽구만

학창 시절 선생님과 친구들과 함께.

중2 때, 청평 유원지에서 과외 선생님과 친구들과 함께.

이거 참 쑥스럽구만

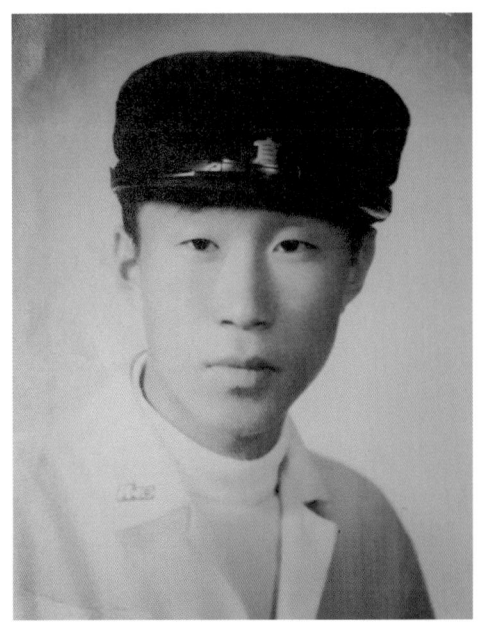

고2 때 사진.

SCENE

감수성이 풍부했던 어린시절

사실 나는 중학교 시험에서 떨어졌다. 지금이야 중학교, 고등학교가 의무교육이라 누구나 자연스럽게 진학하는 과정이 되었다. 하지만 우리 때는 시험을 보고, 그 시험에 붙어야만 다음 학교에 들어갈 수 있었다. 나는 어린 시절을 줄곧 시골에서 보내고 중학교 진학에 맞춰 서울로 올라왔는데, 그만 시험에 떨어진 것이다. 한 곳도 아니고 무려 두 곳. 어린 마음에 얼마나 서럽던지, 집에 와서 당시 대한민국을 휩쓸고 있던 노래 '동백 아가씨'를 틀어두고

이거 참 쑥스럽구만

밤을 새워 울었다. '헤일 수 없이 수많은 밤을~'이라는 가사가 어린 마음에 어찌나 사무치던지. 울어도 울어도 눈물이 도무지 그치지 않았다. 결국 잠 한숨 못 이루고 눈물로 밤을 지새웠던 그때의 기억이 지금도 눈앞에 선하다. 어린 아이가 대체 뭐가 그렇게 서러웠을까? 아무래도 나는 어릴 적부터 감수성 하나는 제대로 타고난 것 같다.

지금 내가 그림을 그릴 때 발현되는 여러 가지 감각들도, 실은 아주 어릴 적부터 내 안에 지니고 있었던 것이라는 생각이 든다. 나는 어릴 때부터 유난히 화려한 색을 좋아했다. 알록달록하고 화사한 색상을 보면 나도 모르게 마음이 끌렸다.

옛날 시골에서는 결혼식이 있으면 신랑 집 마당에서 떠들썩하게 식을 올렸다. 신부는 대기하는 방에 연지곤지를 찍고 곱게 앉아 있었는데, 그 모습이 내 눈에 그렇게 예뻐 보일 수 없었다. 어머니가 음식 준비하는 것을 도우러 나를 데리고 결혼식에 가면, 나는 어디 다른 곳에 가지도 않았다. 준비하는 동안 내내 앞에 주저 앉아서 신부가 화장하는 것을 구경했다. 하얀 얼굴에 붉은색이 더해지는 광경. 그 고운 빨간색이 주는 강렬하고 화려한 느낌이 그때부터 참 좋았다.

훗날 개그맨으로 이름을 날리고 나서도, 화려함을 좋아하는 나의 남다른 취향은 어김없이 빛을 발했다. 사람들이 "어디서 저런 센스가 나왔냐?" 하고 궁금해할 정도로, 나는 다양한 패션 아이템을 선보이고 유행시켰다. 나의 별명 중 가장 유명한 '빨간 양말'도 그렇다. 당시 진행하던 콩트에서 강렬한 빨간색 양말을 신고 나온 것이 계기가 되어 생긴 별명이다.

또 나는 무언가 만드는 것에도 일가견이 있었다. 학교에는 찰흙을 갖고 이런저런 것들을 만드는 공작 시간이 있었다. 그럴 때면 나는 친구들보다 훨씬 그럴듯하게 작품을 만들어내곤 했다. 지금은 만들기를 한다고 하면 이런 저런 좋은 재료들이 세상에 넘쳐난다. 하지만 그때는

이거 참 쑥스럽구만

기껏해야 흙냄새 나는 찰흙이 전부였다. 그 흙색의 쫀득쫀득한 찰흙을 이리 뭉치고 조심조심 다듬어서 제법 그럴싸한 것들을 만들었다. 아무튼 손으로 무언가를 빚어내는 것에는 남다른 소질이 있었다.

대학교 때는 이런 손재주를 십분 살려서 무대 세팅을 직접 만들거나 꾸미기도 했다. 예를 들어 세트에 소나무가 필요하다면 커다란 나무판자에 내가 직접 소나무 그림을 그려 넣었다. 그러고는 그것을 그대로 무대에 세워 사용할 정도였다.

군대 시절에는 피나무를 깎아서 그 위에 그림을 그리곤 했다. 그때 내가 즐겨 그렸던 것이 바로 지금도 내 그림에 많이 등장하는 나무 그림과 여자 그림이다. 피나무를 비스듬하게 자른 나무판을 사포로 갈아 표면을 부드럽게 만든 다음 그 위에 푸른 나무와 잔잔한 호수, 여자의 얼굴 같은 것을 정성껏 그렸다. 그 옆에는 그림에 어울리는 시 한 구절을 써놓고 아교를 발라 마감했다. 그렇게 만든 작품을 고마운 사람에게 선물로 보내곤 했다.

같은 부대의 군인들도 내 작품을 받기 위해 앞다투어 줄을 섰다. 여자 친구에게 혹은 부모님에게 선물로 보내고 싶다면서, 그림을 하나 그려달라고 간곡히 부탁했다. 그러면 난 또 기꺼이 나무판 위에 그럴싸한 그림과 시를 더해 세상에 하나뿐인 작품을 만들어주고는 했다. 어릴 적부터 공부는 뒷전이고 노트 귀퉁이에 만화를 그리고 그림을 그리며 놀았던 시간들이, 그렇게 계속 나와 함께 흘러왔던 것 같다.

　항상 무언가를 그리고 만들며 살다 보니, 나의 감수성은 메마르지 않고 계속해서 함께 자라났던 것 같다. 그림을 그릴 때 필요한 세심한 관찰력과 섬세한 표현력은 콩트를 진행할 때도 정말 많은 도움이 되었다. 사람들을 깊이 관찰하고 그것을 나만의 방식으로 표현해내는 것도 결국은 감수성이라는 든든한 바탕이 있어야만 가능한 일이기 때문이다.

이거 참 쑥스럽구만

SCENE

마음에 불을 지핀 트위스트

내가 오락반장으로 한창 이름을 날리던 중학교 2학년. 어느 날 과외 선생님과 학교 친구 여럿이 모여 청평 유원지로 놀러 가게 되었다. 그 당시 청평은 젊음의 해방구와도 같은 곳이었다. 대학생을 비롯하여 수많은 청춘이 청평으로 모여들었다. 누군가는 캠프파이어를 피워놓고 통기타를 치며 목청껏 노래를 불렀다. 또 다른 누군가는 다양한 레크레이션을 즐기기도 하면서 밤을 새웠다. 청평에 도착했을 때 MT를 온 대학생들이 모래밭에 모여 그룹사운드 음악을 크게 틀어두고 춤을 추고 있는 것을 보았다. 그 춤이 바로 트위스트였다. 흥겨운 리듬에 맞춰 자유자재로 움직이는 현란한 다리. 발바닥을 땅바닥에 신나게 비벼대면서 온전히 음악에 몸을 맡기는 모습이 내 눈에 너무나도 흥겹고 자유롭게 느껴졌다.

이것이 바로, 훗날 내가 〈추억의 책가방〉 무대에서 빨간 양말을 신고 선보였던 다이아몬드 스텝이다. 원래 이름은 상하이 트위스트. 나는 이날을 계기로 춤의 세계에 완전히 빠져들었다. 배삼룡 선생이 췄던 개다리춤 같은 것도 따라 추고, 이런저런 몸을 움직이는 모든 것에 그야말로 심취했다. 그러다 보니 자연스럽게 공부는 아예 손에서 놓게 되었다. 나는 그렇게 이쪽 길로 완전히 들어서게 된 거다.

그러다 보니 학교를 빠지는 일도 잦아졌다. 수업 대신 영화관이나 만화 가게, 극장을 나들이 삼아 드나들었다. 공부를 전혀 하지 않으니 성적은 뚝뚝 떨어졌다. 그러다

이거 참 쑥스럽구만

결국 고등학교 시험에서도 한 번 떨어지고 말았다. 어찌어찌해서 겨우 한 고등학교에 들어가기는 했다. 하지만 당시 교감 선생님이 결국 아버지를 학교로 호출했다. 그러고는 아버지에게 이 아이는 도저히 안 되겠다고, 공부를 영 안 하고 말썽을 피운다고 이야기했다. 나는 그렇게 다시 시골로 쫓겨 가게 되었다. 전학을 가서도 공부는 여전히 못 했지만, 춤 같은 걸 곧잘 추니 인기는 좋았다.

고등학교에서는 따로 직책이 있었던 건 아니지만 명실공히 응원단장이었다. 독특한 박수 같은 것도 많이 개발했다. 짜장면 박수, 트위스트 박수 같은 거. 나중에 개그맨이 되어서 무대에서 전부 써먹었는데, 그 모든 것의 원조가 바로 이 응원단장 시절이었다.

그러면서도 극장은 정말 엄청나게 드나들었다. 그때 내가 세상에서 제일 좋아하는 배우는 허장강 선생이었다. 배우 허준호의 아버지인데, 내가 정말 엄청난 팬이었다. 그분이 나오는 영화는 한 편도 빼놓지 않고 다 보았다. 좋아하는 영화는 몇 번이고 다시 보곤 했다. 연기를 어찌나 잘하는지, 악역으로 나오는 모습조차도 너무나 멋있고 재밌었다. 그렇게 좋아하는 배우와 영화에 심취하면서, 나도 모르게 배우나 연기 쪽으로 필요한 소양을 차곡차곡 키우게 되었다. 공부 대신에 완전 다른 길을 걷게 된 것이다.

가만히 돌이켜 보면 모든 것은 중학교 때 선생님이 노래 한 번 시킨 것에서 시작되었다. 그것이 작은 계기가 되어 점점 더 발전하고 결국 여기까지 오게 되었다는 생각이 든다.

나의 처음 꿈은 영화배우였다. 그래서 대학은 한양대 연극영화과로 진학했다. 내 학창시절을 가득 채웠던 가장 즐거운 기억은, 온몸으로 춤을 추는 일과 영화 속 배우를 흉내내는 일이었다.

이거 참 쑥스럽구만

고1 때 소풍에서.
무아지경 트위스트에 빠졌던 나날들.

고2 때 모습.
웃음 욕심은 예나 지금이나 똑같다.

이거 참 쑥스럽구만

SCENE

방황하던 시절 은사님

좋아하는 일은 꼭 해야 했지만 싫은 일은 죽어도 하지 않았다. 그래서인지 공부를 너무 안 해서 혼도 정말 많이 났었다. 예전에는 〈TV는 사랑을 싣고〉라는 프로그램이 있었다. 지금은 인터넷이 워낙 잘 되어 있고 SNS를 안 하는 사람이 없어서, 찾고 싶은 사람이 있다면 마음만 먹으면 얼마든지 찾을 수 있는 시대가 되었지만, 90년대에는 보고 싶은 사람이 있어도 만나기가 어려웠다.

〈TV는 사랑을 싣고〉는 연예인들이 나와 꼭 찾고 싶은 사람과 그에 얽힌 사연을 이야기하면, 방송국에서 수소문해 그 사람을 찾아주는 프로그램이었다. 어떤 때는 그리운 이를 찾아내어 극적인 만남이 성사되었지만, 어떤 때는 끝내 찾지 못하고 방송이 끝나기도 했다. 나도 그 프로그램에 출연해 내 마음속에 남아 있던 꼭 찾고 싶었던 한 사람을 찾았다. 바로 고3 때 담임 선생님이었다.

우리 때는 대입을 위해서 예비고사라는 것을 치러야 했다. 그러기 위해서는 당연히 예비고사 원서를 사야만 했다. 나도 예비고사를 치르기 위해 선생님께 공손히 원서비를 제출했더니 선생님이 나를 보고 웃으셨다. "야, 인마. 네가 무슨 원서를 사냐? 이걸로 빵이나 사 먹어라" 하며 돈을 돌려주는 것이었다. 분명 내가 시험에 붙지 못할 거라는 걸 아셔서 하신 말씀이었다. 그래서 나는 예비고사 없이도 지원이 가능한 연극영화과에 지원하게 된 것이었다.

그 선생님을 내가 왜 그토록 찾고 싶었느냐면, 그 분은 늘 나의 다른 면을 봐주셨기 때문이었다. 다른 선생님들

이거 참 쑥스럽구만

은 내가 워낙 불량하고 까불고 다니니 생활기록부에 공부를 잘 안 하고 불량하다는 이야기를 써주기 일쑤였다. 하지만 이 선생님만은 나의 좋은 면을 보고 기록해 주었다. 친구들을 잘 사귀고 아주 사교적인 아이라고. 불량한 아이라고 나를 단정 짓지 않고 늘 똑같이 한결같이 대해 주는 것에 감사함을 많이 느꼈다.

그런데 내가 나이를 먹고 세상을 조금 더 알고 보니, 이렇게 좋았던 선생님도 무서웠던 선생님도 다 그저 똑같은 선생님이라는 것을 깨달았다. 옛날에는 아이들을 때리는 선생님도 많이 있고 굉장히 무서웠다. 하지만 지금 생각해 보면 아이들을 위하는 마음은 다 같지 않았을까 하는 생각이 든다. 물론 물리적인 체벌을 가한 것을 잘했다고 말하는 것은 아니다. 다만 그런 시대였을 뿐이다. 무서운 선생님들은 방과 후에 퇴근도 안 하고 아이들이 나쁜 길로 빠지지는 않을까 동네를 계속 감시하러 돌아다니는 일이 많았다. 이러나저러나 아이들 생각뿐이었던 것 같다.

그러고 보면 내 행실에 따라서 좋은 선생님과 무서운 선생님이 나뉘었던 것 같다. 그분들이 어떻게든 나를 바른 길로 끌어오려고 애쓰셨다는 것을, 이제는 안다.

이거 참 쑥스럽구만

SCENE

가장이
되다

20대 초반, 집안 형편이 어려워지면서 군대에 입대했다. 휴가를 나올 때마다 가세는 눈에 띄게 기울었다. 제대를 하고 나니, 집안에는 달랑 집 한 채가 남아 있었다. 하지만 그마저도 은행 이자를 갚을 길이 없어, 서둘러 팔아 은행 빚부터 갚아야만 했다. 그리고 나서는 어디 상가 건물에 딸린 조그만 집으로 이사를 갔다. 그 비좁은 방에 온 식구가 다같이 살았다. 나중에는 그것마저 없어져, 방 하나씩 6가구가 쓰고 화장실은 밖에 있는 공용 화장실을 써야 하는 그런 집으로 이사를 가게 되었다. 나는 한순간에 가장이 되었다.

군대 가기 전 나는 연극영화과를 다녔었다. 그러면서 처음으로 연극을 시작했다. 무대에 오른다는 것, 그리고 연기를 한다는 것 모두가 황홀한 경험이었다. 제대하고 나서 오른 무대는 안데르센의 〈미운 오리 새끼〉를 각색한 연극이었다. 왕 역할을 맡았는데, 당대 유명한 분장 대가 전예출 선생이 직접 분장을 해주었다. 그 전에는 수염 분장을 할 때 우리끼리 대충 노끈을 꼬아서 아교로 얼굴에 붙이고 그런 식이어서 피부가 많이 상하기도 했었다. 진짜 전문가에게 무대 메이크업을 받고 가발도 썼으니, 정말 왕이 된 기분으로 연기를 했다. 아직도 잊지 못할 첫경험이다. 그런데 어느 날 교수님이 내게 오더니, 너는 등록금도 안 내고 연극에 참여하면 어떡하냐고 물었다. 그래서 결국 대학교도 중간에 그만두고 말았다.

이거 참 쑥스럽구만

그러던 중, 한 선배(광고방 임인규 대표)의 소개로 극단 '가교'에 입단했고 연극배우로 무대에 서게 되었다. 그때 처음 출연한 작품이 바로 〈포기와 베스〉라는 작품이었다. 극단에 처음 갔을 때 난리가 났던 기억이 아직도 생생하다. 당시 극단 '가교'에는 박인환, 윤문식, 최주봉, 김진태 같은 최고의 연기자들이 소속되어 있었다. 그런데 그들이 나를 보더니 "어? 윤문식이 친동생이 왔네?" 하고 말을 하는 거다. 그때는 내가 윤문식 선생과 많이 닮았었나 보다. 그렇게 입단을 하고 무대에 올랐는데 당시 여주인공은 김성녀 씨였다. 그때는 모두가 혈기 왕성한 젊은 배우들이었지만 지금은 모두 전설이 되었다. 생각해 보면 그 전설의 한중간에 나도 함께 있었던 거다.

예전에 국회의사당으로 사용되었고 지금은 서울특별시의회 청사가 된 건물이 70년대에 잠깐 시민회관으로 쓰였고, 거기서 공연을 했다. 무대에 서는 일이 어찌나 신이 나던지. 신이 난 마음에 이런저런 애드리브를 마구 시도하다가 연출가 선생님한테 혼쭐이 나기도 했다. 그런데 그렇게 호되게 혼나는 와중에도 동료 배우들이 웃음을 겨우 참아가며 킥킥대는 게 내 눈에 보였다. 그러니 나는 자꾸만 사람들을 웃기고 싶다는 강렬한 욕망을 참아내지 못했다. 아무래도 개그맨의 피는 그때도 내 안에 뜨겁게 흘렀던 것 같다.

연극을 하면서 출연료로 1만 원과 초대권 20장을 받았다. 좋은 작품을 무대에 많이 올리는 훌륭한 극단이고 본받고 싶은 배우도 많이 있었지만, 그걸로는 도무지 생활이 되지 않았다. 어쩔 수 없이 나는 연극의 꿈은 접고 생계를 꾸려야만 했다. 그때 탤런트 시험도 보았는데 두 번이나 보기 좋게 떨어졌다.

그때 같이 탤런트 시험을 쳤던 친구가 매형네 회사라면서 나에게 일자리를 소개해 줬다. 그때 소개해 준 일자리는 바로 수금 사원이었다. 지금 돌이켜봤을 때 소개 받은 자리가 행정 직원이나 사무직이었으면 아마 거기서 안정적으로 회사를 다니며 눌러앉았을 수도 있을 것 같다.

이거 참 쑥스럽구만

그런데 수금 사원은 너무 고된 일이었고 적성에도 맞지 않았다.

서울역에 있는 회사였는데, 수금해야 할 회사 리스트가 빼곡히 적힌 용지를 받아서 종일 시내를 돌며 수금을 해야 하는 일이었다. 수금은 전혀 되지 않았다. 오히려 물건을 도로 가져가라고 으름장을 놓는 곳도 있었다. 수금을 하는 일이니 나도 단호하게 해야 하는데, 내가 얼굴은 좀 사납게 생겼어도 다른 사람에게 모진 말을 못 하는 성격이라서 도저히 할 수 없겠다는 생각이 들었다. 나는 그날로 사표를 내고 회사를 나왔다.

그다음으로 연예인이랑 비슷한 직업이 뭐가 있을까 곰곰이 생각해 보니 관광 가이드가 떠올랐다. 그래서 서울교통이라는 곳에 면접을 보러 갔다. 면접에 덜컥 붙어 일을 하러 나갔더니, 나에게 관광객을 몇 명이나 모집할 수 있겠냐고 묻는 것이었다. "아니, 관광 가이드 아닌가요? 관광객 모집까지 직접 해야 하나요?" 물었더니, 관광객도 직접 모집해야 한다는 대답이 돌아왔다. 이것도 내가 할 일은 아니겠다 싶어서 바로 돌아 나왔다.

그러다 같은 산악회에 있던 국립정신병원 김유광 박사님이 내게 말을 건네주셨다. 취직이 될 동안 자신의 조수로 와서 일해보는 것이 어떻냐는 이야기였다. 그렇게 낮에는 병원에서 보조원으로, 밤에는 야간업소에서 밤무대 사회자로 일하면서 고된 생계를 꾸렸다. 젊어서 고생은 사서도 한다지만 정말 고달픈 청춘이었다. 그렇게 나는 가정을 보살피고자 별별 일을 다 해보았다. 당시 나의 간절한 꿈은 서른 살에 집 한 채와 차 한 대를 가지는 것이었다.

그런데 이때 밤무대 사회자로 일하게 된 것이 내 인생을 아주 크게 바꾸어 놓았다. 나는 거기서 내 인생의 기연 奇緣인 손철 형과 전유성 형, 김학래를 처음 만났다.

지금은 야간업소, 밤업소라고 하면 부정적인 이미지가 더 강할지도 모른다. 그런데 당시에는 이런 주점이 젊은이들에게 큰 인기였다. 지금으로 치면 실내 포장마차 같은 곳이라고 해야 할까? 나이트클럽은 비싸니 저렴하게 식사

이거 참 쑥스럽구만

와 술을 모두 해결할 수 있는 곳이었다. 여기서는 소주에 매콤한 낙지볶음 같은 안주를 함께 팔았다. 그리고 신인 그룹사운드들이 공연을 하는 등 다양한 행사가 끊임없이 열렸다. 나는 거기서 공연하는 밴드를 소개하는 MC 역할을 맡았다. 무대에 서서 재치 있는 말로 사람들을 주목시키고 그들에게 웃음을 주는 역할이 나의 성향과 정말 딱 맞았다.

그리고 나는 이런 업소에서 일을 하면서 지금까지도 왕래하고 있는 좋은 사람들을 만났다. 처음 일한 곳은 3개 층을 모두 사용하는 아주 큰 매장이었다. 가운데 대형 엘리베이터에 그룹사운드가 공연을 하고 각 층에서 중앙을 내려다볼 수 있는 구조였다. 나는 엘리베이터로 층을 오르내리면서 공연을 진행하는 역할이었다. 거기서 전유성 형을 만났고, 내 인생의 전환점이기도 한 '꽃잎'이라는 곳에서도 일하게 되었다. 연예부장은 전유성, 메인 MC는 김학래. 나는 그렇게 여러 밤무대를 전전하며 MC로 일을 하게 되었다.

그때 '엠파이어'라는 우리나라에서 꽤 유명한 대형 업소에 취직이 됐다. 내가 다른 업소에서 사회를 보는 것을 보고 사장님이 스카우트한 것이었다. 쇼는 1부부터 3부까지 진행되었다. 메인 MC는 이상해 씨로 그 당시에 꽤 유명한 코미디언이었다. 이상해 씨가 메인 쇼인 2부를 진행하고 나는 아직 무명이라 1부와 3부를 맡았다. 그런데 이상해 씨가 바빠서 못 나오는 날은 내가 1부부터 3부까지 모두 다 맡아서 하기도 했다.

그런 날에는 저녁 시간을 전부 내가 혼자서 진행해야 했다. 하다 보면 가수들이 중간에 펑크를 내는 경우도 있었다. 그러면 그 비는 시간까지 다 내가 온전히 때워야 했다. 별별 개그를 다 하고 시답잖은 소리를 계속하면서 사람들을 웃기려고 해도 시간을 메꾸는 게 결코 쉽지 않았다. 그래서 이런 웃긴 일도 벌어졌다.

어느 날 보다 못한 연예부장이 나에게 다가와 노래할 줄 아냐고 물었다. 나는 노래에 자신이 없어서 못 한다고 손사래를 쳤다. 그러니 일단 무대로 올라가라고 하는 것

이거 참 쑥스럽구만

이었다. 그래 놓고는 우선 노래 연주가 시작됐다. 나는 마이크를 끈 채로 노래를 하는 척하고 진짜 노래는 뒤에서 연예부장이 불렀다. 나는 그저 입만 움직이며 립싱크를 한 것이다. 나중에는 손님들한테 그 사실을 들켜서 야유를 받기도 했다. 그림은 그렇게 잘 그렸는데 이상하게 노래는 참 못했다.

그렇게 수많은 고비를 넘어가면서 나는 MC 보는 법과 쇼 문화에 대한 것들을 몸으로 익혔다. 가족의 생계를 위해 뛰어들었던 밤무대에서 내 인생이 비로소 새로 꽃피웠다. 그 후에 나의 재치와 위트를 인정받아 라디오에 출연하게 되었다. 바로 내 나이 서른 살의 일이었다.

〈미운 오리 새끼〉 연극 무대에서 왕을 맡았던 모습.

이거 참 쑥스럽구만

대학 시절 연극 무대에서.
뒤의 세트는 직접 그린 것.

2장 한우물 파기

이거 참 쑥스럽구만

SCENE

방송을 시작하다

나는 운이 뒤늦게 풀린 케이스였다. 내가 처음 KBS에서 TV 개그맨이 된 것은 서른 살이 되었을 때였다. 생각보다 늦은 나이였지만 시작과 함께 유명세가 찾아왔다. 처음 방송가와 연이 닿은 것은 밤무대에서 일할 때 만난 전유성 형의 소개 덕분으로, 78년에 CBS 라디오 〈세븐틴〉이라는 프로그램에 출연했다. 그 다음에 81년도에 MBC 라디오 〈손창호, 임예진의 청춘만세〉에 출연했고, 이홍렬의 추천으로 KBS 〈노래하는 곳〉에도 출연하게 되었다. 그러

이거 참 쑥스럽구만

다가 KBS에서 개그맨을 모집할 때 〈노래하는 곳〉의 신광철 PD가 당시 KBS 담당 PD였던 김웅래 PD에게 추천을 해주어 특채로 개그맨이 되었다.

탤런트 시험에 떨어졌다는 것은 앞에서도 말했지만 사실 한 번이 아니었다. 탤런트 시험을 두 번이나 봤었다. 그때는 대개 주연급 배우를 공채 탤런트로 뽑았고, 그렇기에 외모가 출중해야만 뽑히던 시절이었다.

나는 MBC 공채 탤런트, TBC 공채 탤런트 시험을 봤었다. 당시에는 인터넷이고 뭐고 없으니까 합격자 명단이 방榜으로 붙었다. 방이라고 하니까 꼭 조선시대 같은 느낌도 들지만, 당시에는 정말 그랬다. 운현궁 담벼락에 합격자 이름이 빼곡히 써진 커다란 종이가 붙어 있으면, 각자 찾아가서 자기 이름이 있는지 없는지 확인하는 거였다. 그때 TBC에 같이 시험을 봤다가 나는 떨어지고 붙었던 친구가 배우 김영철이다. MBC 시험을 같이 봤던 친구도 있었는데, 그 친구도 붙고 나는 또 떨어졌다.

탤런트 시험을 두 번이나 낙방하고 나서 알아보니, 이제는 코미디 시험이 있다고 했다. 이번에는 2기를 뽑는데, 1기 합격자로는 뽀식이로 유명한 코미디언 이용식이 있었다. 근데 그 시험도 또 떨어지고 말았다. 시험 복이 이렇게까지 없나 싶은 생각이 들었다.

연예인이 되려고 준비하면서 이름도 바꾸었다. 원래 이름은 '임한용'인데 이게 빨리 발음하면 '이만용'처럼 들린다. 그래서 어릴 때 별명이 크로마뇽인이었던 적도 있다. 당시에는 성룡, 최무룡 같은 '룡'자 들어가는 이름이 너무 멋있어 보였다. 그래서 나도 이름을 '임하룡'으로 바꿨다.

탤런트 시험, 코미디언 시험을 다 떨어지고 취직한 곳이 바로 전유성 형과 김학래를 만난 야간 업소였다. 거기서 나를 좋게 본 전유성의 소개로 CBS 라디오에 출연하게 되었다. 당시 양희은 씨가 진행하던 〈세븐틴〉이라는 프로그램이었다. 그런데 내가 개그맨이 뭔지도 모르고 소

이거 참 쑥스럽구만

재나 아이디어도 하나 없이 시작한 거라 두 번 출연하니 자신감이 확 떨어졌다. 그래서 김학래가 같이 출연 해보라고 이준원이라는 친구를 소개해 줬다. 둘이 하면 편할 거 같아서 같이 했는데, 이때 북한 이야기를 잘못하는 바람에 중앙정보부에 가서 조사도 받고 방송도 무기한 출연정지가 되었다. 다행히 실수라는 것이 소명되어서 3년만에 정지가 풀리기는 했지만 아찔한 경험이었다.

이렇게 파란만장하게 나는 방송에 발을 들여놓게 되었다.

젊은 시절의 나와 전유성 형, 최양락, 고 장두석.

이거 참 쑥스럽구만

SCENE

일이 풀리는가 하면 다시 꼬이고

방송국에 들어가 보니 거기에는 이미 스타인 친구들도 있었다. 나는 방송을 시작하면서 처음 운이 풀리기 시작했는데, 그런 나에게도 우여곡절은 있었다. 앞에서 말했던 무기한 출연 정지가 그것이었다. 개그 프로그램에서 북한 말을 썼다고 중앙정보부에 소환되어, 가서 조사를 받고 그렇게 무기한 방송 출연 정지를 당했다.

처갓집 아는 분 중에 방송윤리위원회 부위원장이었던 교수님이 계셨다. 막막한 마음에 어떻게 해결을 좀 해보려고 촌지를 들고 그분을 찾아갔다. 그때는 그런 문화가 알게 모르게 만연하던 시절이었다. 그런데 그분이 내가 내민 봉투를 딱 보시더니 어마어마하게 성을 내셨다. 이런 것 들고 오지 말라고 하시면서 말이다. 남들 다 하니까 괜찮을 거라고 생각하고 했던 행동에 스스로가 부끄러웠다. 봉투를 거절한 교수님은 내 사정이 딱하니 그럼 진정서를 한번 작성해 보라고 하셨다.

그래서 그분의 조언을 받아 진정서를 작성했다. 그렇게 3년이라는 긴 시간 동안 방송 출연을 하지 못했었다. 그러다가 위원회가 열렸고 정권도 바뀌면서 출연 정지가 마침내 풀렸다. 그리고 그때부터 본격적으로 방송을 하기 시작했다.

지금은 우스운 이야기인데 당시엔 서른이면 진짜 너무 늦은 감이 있었다. '서른 즈음에' 하는 노래도 있듯이, 그때는 서른이라고 하면 정말 완전한 어른이라는 이미지가 강했다. 처음에는 늦게 시작하는 스스로에게 위축되기도

이거 참 쑥스럽구만

했다. 당시에 같이 시작한 친구들은 다들 어리기도 했다. 김형곤, 주병진, 이성미 같은 동기들은 보통 나보다 여섯 살에서 열 살 정도 어렸었다.

그래서 그때 노인네라는 별명이 생겼다. 나이가 많아도 내가 좀 만만했는지 이성미가 처음 노인네, 노인네 하던 것이 별명으로 굳어졌다. 가뜩이나 나이가 많은 것에 조금 콤플렉스 같은 걸 갖고 있던 터라, 이게 계속되니까 속에서 화가 복받쳐 올랐다. 어느 날, 바쁜 일정 때문에 급하게 빵과 우유로 식사를 해결해야 해서 최양락에서 빵과 우유를 사 오라고 시켰다. 그런데 최양락이 사 온 우유와 빵을 나눠주면서부터 계속 노인네, 노인네 그러는 거다. 어찌나 화가 나던지 먹던 우유를 그대로 최양락에게 던져버렸다. 지금도 그 장면을 떠올리면 후회스럽기는 하다. 어린 시절이라고는 해도 지금도 양락이한테 항상 미안한 마음이 남아 있다.

지금은 나이가 많이 차이 남에도 나를 어려워하지 않고 오히려 별명을 붙여 친근하게 대해준 동료들에게 고마운 마음이 있다. 그런데 그게 그때는 그렇게도 노여웠다. 젊어서 감정이 파도처럼 널뛰던 시절이라 더 그랬는지 모른다. 그때는 뭐 그렇게 노여운 일이 많았는지.

그렇게 방송을 시작하고 2~3년이 흘렀을 때부터 돈을 많이 벌었다. 저금도 많이 했고 미뤄뒀던 결혼식도 올렸다. 일이 꼬이다가 풀리다가 다시 꼬이고 다시 풀리는, 파란만장한 시절이었다.

이거 참 쑥스럽구만

SCENE

콤비는
나의 힘

방송을 시작하고 나는 심형래와 콤비를 이뤄 콩트를 짰다. 〈유머극장〉에서 '하룡서당'이라는 프로그램을 진행하면서였다. 만화 〈와룡서당〉에서 영감을 받아 내 이름을 붙여 '하룡서당'을 만들었다. 처음에 PD님이 붙인 제목은 '감자서당'이었다. 그러면 안 되지만 미술 하는 분에게 찾아가 "제가 책임질 테니 하룡서당으로 해주십시오" 하고 부탁을 했다. 생방송이기에 가능한 일이었다. 당시 코너에 자기 이름을 붙인다는 것은 대단한 일이었다(그것도 갓 시작한 신인이).

'하룡서당'은 첫 회부터 재밌었다. 내가 훈장, 심형래가 학동이 되어 극을 끌어가는데 심형래가 "잘 모르겠는데요~"하면 웃음이 빵빵 터졌다. 방송 시간도 한몫했다. 당시 인기가 좋던 MBC 〈일요일 일요일 밤에〉가 끝나고 채널을 딱 돌리면 '하룡서당'이 시작했다. 프로그램은 그야말로 히트였다. '하룡서당'의 성공으로 나는 처음으로 돈을 벌기 시작했고 이를 기점으로 희극인으로서 승승장구하게 되었다.

'하룡서당'이 히트를 치면서 이어서 '하룡 대장간', '하룡 한의원' 등 후속 작품이 줄줄이 시리즈로 나오기도 했다.

심형래라는 좋은 콤비와 내는 시너지는 그야말로 엄청났다. 아직도 나는 그 덕분에 이름을 알렸다고 생각한다. 심형래는 당시 인기가 정말 어마어마했고 특히 어린이들의 절대적인 우상이었다. 함께 프로그램을 하면서 나도 덩달아 인기가 높아졌다. 데뷔부터 함께한 우리는 꽤나

이거 참 쑥스럽구만

많은 코너에서 콤비로 콩트를 선보였다. '변방의 북소리'에서 바보 병사와 맨날 당하는 장군으로 함께 큰 사랑을 받았었고, 나를 골탕 먹이는 부하가 심형래였다. '내일은 챔피언'에서는 내가 관장이 되고 심형래가 연습생이 되었다. 정말 잘 맞는 콤비는 두 명 이상의 역할을 톡톡히 해낸다. 심형래와 나는 서로 자기 할 역할을 충실히 해내면서 서로가 더욱 빛날 수 있게 든든히 받쳐주는 그런 관계였다.

당시 심형래는 어린이들에게는 그야말로 우상이었다. 인기투표를 하면 세종대왕, 이순신 다음으로 인기가 많을 정도였다. 그러다 보니 콩트의 방향도 점점 어린이들을 대상으로 하는 개그 쪽으로 변화하기 시작했다. 나는 결단의 시기라고 생각했다. 사실 나는 어린이들이 좋아할 만한 개그를 펼치는 코미디언은 아니었다. 나와는 맞지 않는 옷이라고 느꼈다.

이후 나는 〈쇼 비디오자키〉에서 MC를 맡게 되었다. MC라는 자리는 내 스스로의 재능을 선보이기보다 전체 극의 흐름을 끌고가는 자리였다. 진행을 하고 처음부터 끝까지 모든 것을 지켜보는 자리. MC로 열심히 일하면서도 나는 사회보다는 콩트를 하고 싶다는 생각을 했다. 나는 사회를 보는 것보다 직접 극 속으로 들어가 콩트를 하는 것이 훨씬 재미있었다. 그때 만난 프로가 바로 '도시의 천사들'이라는 콩트였다.

내가 MC를 보았을 때 김정식, 고 장두석이 진행한 '깡패들의 합창'이라는 단발성 코너가 있었다. 내가 보기에는 가능성이 무척 큰 포맷이었다. 단발성 코너였기에 그 코너는 더이상 진행하지 않는다고 했다. 내가 그 코너를 맡아서 한번 제대로 살려봐도 되겠느냐고 조심스럽게 상의를 해보았더니, 둘은 좋다고 했고 김정식은 함께해보고 싶다고 했다. 그래서 제작진과 상의를 해 코너를 발전시켜보는 것으로 정했다. 새로운 콤비의 결성이었다.

이거 참 쑥스럽구만

사람은 어느 때에 어떤 사람을 만나는지가 너무 중요하다. 인생의 중요한 순간 믿을 만한 콤비가 늘 내 옆에 있었다는 것이 나에게는 너무나도 큰 행운이었다. 아직도 그들에게는 많은 빚을 졌다고 생각한다. 최근에 내가 시작한 유튜브 채널에 심형래가 나왔는데, 얼굴을 마주하고 카메라 앞에 서니 그 옛날 함께했던 시간들이 떠올라 벅차올랐다. 내 청춘을 함께해준 나의 소중한 콤비.

김정식은 지금 파주에서 목사님으로 살고 있다. 유성이 형의 소식도 가끔 듣는데, 몸이 좋지 않다고 하여 얼른 쾌차했으면 바라는 마음이다. 이홍렬은 요즘도 활동을 많이 하고 특히 연극배우로 많은 무대에 오르고 있다. 하는 일이 모두 잘 되었으면 좋겠다.

유명한 콤비로 인기를 끌었던 심형래와 나.

이거 참 쑥스럽구만

SCENE

쏟아지는
아이디어

사실 '도시의 천사들'을 시작할 때 초반에는 제작진의 우려가 컸다. TV에서 깡패들의 이야기를 하는 것이 맞는가 하는 부분의 걱정이었다. 나는 이미 개과천선한 깡패니 괜찮지 않나 생각했다. 이미 마음을 고쳐먹고 제대로 살아보고 싶은 깡패들의 이야기. 그래서 코너의 제목을 '도시의 천사들'이라고 수정했다. 마음 잡은 깡패들이 벌이는 우스꽝스러운 실수담을 주제로 대본을 작성했다. 등장인물도 여럿 등장하고 인물마다 각자 별명도 다시 지어 캐릭터를 만들었다. 나는 '쉰 옥수수' 역할을 맡았다.

그렇게 시작한 이 프로그램이 또 대히트를 기록했다. 그때 내가 만든 유행어가 바로 "이 나이에 내가 하리?", "이거 참 쑥스럽구만" 하는 것들이다. 몇십 년이 지난 지금까지도 내 대표 유형어로 회자될 정도로 크게 유행했고, 나는 다시 한번 큰 사랑을 받았다.

그때는 정말 아이디어가 쏟아지는 시기였다. 그다음으로 시작한 〈유머 1번지〉의 '청춘을 돌려다오'라는 코너에서는 '젊은 오빠'라는 새로운 별명도 얻었다. 지금도 나를 수식하는 단어로 항상 따라다니는 고마운 별명이다. 계속 '젊은 오빠'라고 불리다 보니 계속 '젊은 오빠'로 살 수 있었다.

이 프로에 나오는 전유성 형이 아이디어를 주었던 "일주일만 젊었어도!" 하는 유행어도 큰 화제였다. 이 코너를 진행하면서 광고를 정말 엄청 많이 찍었다. 나는 항상 화제의 가장 중심에 있었다. 87년에는 '도시의 천사들'로 남자 연기상을 받고 89년에는 '청춘을 돌려다오'로 대상을 받았다.

그리고 시작된 것이 바로 '추억의 책가방'이다. 여기서 나는 '빨간 양말'을 패션 포인트로 착용했는데, 이 캐릭터도 사랑을 정말 많이 받았다. 빨간 양말을 신고 다이아몬드 스텝을 받으면서 "선생님 안녕하셔요!" 하고 외치는 캐릭터는 정말 전국민적인 히트 캐릭터였다. 이 "안녕하셔요!" 하는 인사는 선생님 역을 맡았던 김진호가 준 아이디어였다. 지금까지도 내가 한 콩트 중에 제일 재밌었던 것으로 기억한다. 그도 그럴 것이, 나의 자전적인 부분이 가장 많이 반영된 캐릭터이자 코너였기 때문이다. 고등학교 때 친구들에게 춤을 가르쳐줬던 것, 그러다 불량 학생으로 찍히기도 했던 것, 나의 청춘과 우정, 사랑 이야기가 그 안에 가득 담겼다. 진짜 내 얘기를 담아서 그런지 지금 봐도 참 재밌는 코너다. 유튜브에도 꽤 많이 떠 있어서, 젊은 친구들도 '빨간 양말 임하룡'을 많이 알아봐 준다. 특히 당시 신인이었던 유재석이 옆에 함께 나오는데 아직도 당시 그의 모습이 생각난다. 신입이라 대사라고는 고작 "차렷! 경례!"뿐이었는데 참 열심이었다. 그랬던 친구가 지금은 이렇게 국민 MC로 자리 잡았으니, 후배지만 대단하다는 생각을 한다. 그때 대사 좀 많이 줄 걸!

이거 참 쑥스럽구만

영화 〈추억의 책가방〉의 포스터.
프로그램의 인기에 힘입어 영화로도 출시되었다.

〈추억의 책가방〉 속 빨간 양말 임하룡.

이거 참 쑥스럽구만

SCENE

자고 일어나니 스타가 되다

80년 대 초중반 내가 막 콩트로 이름을 날릴 때는 코미디 프로그램이 많았다. 바야흐로 코미디 전성시대. 코미디언의 인기는 하늘을 찔렀고, 프로그램이 방송된 다음 날 사람들의 대화 주제는 온통 누가 어떻게 웃겼는지에 대한 것이었다.

옛날에는 지금처럼 인터넷으로 검색을 하거나 하는 일이 불가능했으니까, 인기를 가늠하는 방법은 실제 만난 사람들의 반응뿐이었다. 특히 조기 축구회에서 사인받으려는 줄이 얼마나 긴가를 보면 누가 최고 인기인지를 알 수 있었다. 당시 가장 줄이 길었던 것은 단연 이주일 형님이었다. 〈사랑과 야망〉에서 주가를 올리던 이덕화 씨나 임채무 씨의 줄도 무척 길었다. 나도 연예인 축구단에 소속되어 같이 축구를 했었는데, 어느 날 내 앞에도 갑자기 줄이 생겼다. 심형래와 함께했던 '하룡서당' 덕에 인기가 조금 생긴 것 같았다.

그 후로는 유행어가 히트되고, 길을 다니거나 식당에 가면 나를 알아보고 반겨주는 이들이 늘어났다. "젊은 오빠!", "빨간 양말!" 하고 내 캐릭터를 불러주는 사람들, "이 나이에 내가 하리?", "이거 참 쑥스럽구만" 하고 대뜸 유행어를 외치는 사람들. 정말이지, 사랑 속에서 하고 싶은 것을 맘껏 할 수 있었던 시간이었다.

젊어서 고생을 하다 늦게 풀려서인지, 나는 인기 절정에 있을 때도 얼떨떨했다. 그야말로 자고 일어나니 스타가

이거 참 쑥스럽구만

되어 있었다. 나만 보면 사람들은 웃음을 터트렸고, 큰 상을 연달아 받았다. 과분한 사랑에 행복했던 시간이었고, 그럴수록 나를 자중시키고 다독이면서 겸손을 잃지 않으려고 했다.

사람은 누구나 타고난 팔자, 타고난 복이 있다. 그렇다고 팔자에 눌려 주저앉으라는 이야기는 아니다. 나의 경우 특히 상복과 인복이 많이 따랐다. 방송을 시작하고 오래 지나지 않아 큰 상을 여러 번 받았다. 그동안의 노력에 보상을 받는 기분이었고 상이 나에게 날개를 달아주었다. 하지만 그 와중에도 늘 나는 운이 좋은 사람이라고 생각했다. '상복이 있어서'라고는 해도 그렇다고 내 노력이 부족했다는 뜻은 아니다. 하지만 똑같이 노력한 사람 중에도 유독 상복이 없는 사람들도 있다. 그런 점에서 나는 운이 좋았고, 상복이 있었다는 생각이 든다.

또 나에게는 늘 좋은 사람들이 곁에 있었다. 이런 인

복이야말로 나에게 가장 큰 자산이었고 가장 감사한 일이었다. 합이 맞는 동료들, 친구들, 좋은 사람들이 항상 주위에 있었다. 그들 덕분에 나는 새로운 도전을 할 수 있었고 대중의 사랑도 듬뿍 얻을 수 있었다.

심지어 87년에는 저축상을 받아 대통령 표창을 받기도 했다. 86년에 백상예술대상에 코미디상이 처음 신설되었을 때도 신세대 대표로 상을 받았다. 당시 기성세대 중에서는 이주일 선배가 상을 받았다. 그렇게 시간이 흘러 2020년에는 대한민국대중문화예술상에서 보관 문화훈장을 받았다. 이거 참 쑥스럽구만.

이거 참 쑥스럽구만

89년 코미디 대상을 받았던 모습.

보관 문화훈장을 수상한 날.

이거 참 쑥스럽구만

SCENE

한 우물을 파라?
적어도 그 우물 근처에
서성대기

요즘은 '한 우물을 파라' 하는 말이 옛말이라고 한다. 한 우물만 고집하지 말고 여기저기 여러 우물을 다 파 보아야 한다는 말도 들어봤다. 어쩌면 다 맞는 말이다. 근데 내 생을 가만히 돌아보면 그래도 한 우물을 깊게 파는 것이 좋다는 생각이 든다.

한 가지 일에 꾸준히 매달리고 있어야지, 여기를 조금 파보다가 저기로 달려가 또 땅을 긁다 보면 될 일도 잘 안 되는 법이다. 그래도 나는 꾸준히 그 언저리에서 일을 했던 것 같다. 가장 어렵고 막막했던 시기에도 그 우물을 완전히 떠나지는 않고 그 근처를 맴돌았다. 정신병동에서 일했던 일이나 야간 업소에서 사회를 봤던 일도, 결국은 하나의 큰 줄기 안에 있었다. 큰 줄기에서는 내가 지금 하는 일과 크게 다르지 않았다.

비록 우물 안으로 들어가 직접 흙을 파내지는 못했지만, 나는 계속 우물 주변을 서성이며 기회를 엿보았다. 그렇게 우물을 떠나지 않고 버텼더니, 좋은 사람들이 나에게 다시 우물을 팔 수 있는 기회를 주었다. 그 덕분에 평생 한 가지 일을 하며 사랑하는 가족을 보살필 수 있었다.

어릴 적 그저 남을 웃기기 좋아했던 철없는 아이. 그 아이가 한 우물을 계속 파고 또 파서 오래도록 사람들에게 웃음을 주는 개그맨으로 활동할 수 있었다. 행복하기만 하다. 모든 것은 큰 사랑을 준 팬들 덕분이다.

이거 참 쑥스럽구만

SCENE

내 팔자,
내 운명

앞에서도 여러 번 이야기했지만 내가 지금껏 이룬 것은 좋은 사람들을 많이 만났기 때문에 가능했다. 나는 정말이지 인복이 좋은 사람들이다. 나와 엄청난 시너지를 낼 수 있는 동료가 항상 곁에 있었다. 가만히 돌아보면, 내 인생에서는 언제 어느 때 누구를 만나느냐가 가장 중요했었다.

인생의 가장 필요한 순간에 내 옆에는 수많은 동료가 함께해줬다. 그래서 방송을 시작하고 2~3년 안에 일이

술술 풀리기 시작했다. 돈도 많이 벌었다. 미뤄뒀던 결혼식도 올렸다. 아들이 네 살 되던 해였다.

젊은 시절 아내를 만난 것은 내 인생 최고의 행운이었다. 당시 아내가 일하던 사무실의 대표님은 저런 놈 만나지 말라고 아내를 말렸다. 그도 그럴 것이 빽바지에 가죽잠바를 입고 머리를 길게 기른 내 모습이 그리 미덥지는 않았을 것 같다. 나이 차이가 많이 나는 커플이라 도둑놈 소리도 많이 들었다. 동네 아줌마들은 "색시 도망가" 하고 속삭이기도 했다. 또 어떤 동네 젊은이는 "막냇동생 소개 좀 시켜주세요" 그런 적도 있다. 그렇게 나를 만나 아내는 단칸방 생활부터 온갖 고생을 나와 함께했다. 고생 끝에 올리게 된 결혼식에서 순백의 웨딩드레스를 입은 아내의 모습이 어찌나 눈부시게 아름답던지.

당시 명동 YWCA에서 결혼을 했는데 축하해 주러 온 사람들이 두 번 놀랐다. 하나는 우리 색시가 나하고 9살

이거 참 쑥스럽구만

차이인데 너무 예쁘고 고와서 놀랐고, 그다음에는 아내 손에 끼워진 다이아몬드 반지가 너무 커서 놀랐다. 사실 그 반지는 가짜였다. 그렇게까지 돈을 많이 벌지는 않아서, 나중에 꼭 이만한 크기의 진짜 보석을 사주겠다고 약속을 했다. 물론 그것보다 큰 건 끝내 못 사줬지만, 나중에 진짜 다이아몬드는 사주긴 사줬다.

87년도에는 저축상을 받을 만큼 저축을 많이 했다. 이 돈으로 무얼 할까 카페를 하나 차려볼까 하다가 이내 관뒀다. 그러다 소개를 받아서 압구정에 있는 집을 보게 되었고 그 집을 덜컥 매입을 했다. 지금이야 "와, 압구정에 건물이 있대" 하는 이야기를 많이 듣고 기사도 많이 나오지만, 당시에는 전혀 그런 동네가 아니었다. 주택만 있던 골목에 작은 집을 하나 산 건데 계속 살다 보니 거기가 발전이 되어서 지금에 이르렀다. 이쯤 되니 모든 것이 다 운이구나 싶은 생각이 든다.

후에 살고 있던 목동 아파트를 팔아서 압구정 건물을 새로 지었고 그 후부터 지금까지 그곳에서 살고 있다.

고등학교 때 아버지가 아직 정정하시고 대한마사회 자금 관리를 담당하는 일을 하실 때였다. 당시 강남은 온통 텅 비어 있는 허허벌판이었다. 어느 날 아버지가 뚝섬에서 강남땅을 멀리 가리키면서 저쪽에 땅을 사는 건 어떠냐고 물으셨다. "아이고 아버지, 저런 땅에 강까지 건너서 누가 가요. 저런 땅을 왜 사요." 내 단호한 말 때문이었는지, 장남인 나의 의견을 존중해서 그러셨는지 아버지는 강남땅을 사지 않으셨다. 이것도 운이라면 운이다.

거기에 덧붙여 나는 "친척들이 많이 모여 사는 중랑교 쪽에 땅을 사면 어떨까요?" 하고 말했다. 아버지는 내 말을 따라서 땅을 샀고, 결국 그 땅에서는 온갖 말썽이 많이 일어났다.

만약 아버지가 내 말을 듣지 않고 그 강남땅을 샀다면

이거 참 쑥스럽구만

지금쯤 어떤 방향으로 내 삶이 흘러갔을까? 후에 겪게 될 땅 관련 분쟁들과 금전적으로 어려웠던 상황들은 오지 않았을지도 모른다. 어쩌면 떵떵거리며 돈을 펑펑 쓰고 살았을 수도 있다. 그치만 한편으로 나는 매일 술을 마시고 노는 데 푹 빠져서 빨리 세상을 떠났을지도 모른다는 생각도 든다. 물론 어쩌면 더 부자가 되었을 수도 있고. 모를 일이지만, 그때가 내 인생의 큰 분기점이었던 것은 분명하다. 이렇게 흘러온 것도 내 팔자, 내 운명이고.

너무도 아름다웠던 순백의 신부,
나의 아내.

이거 참 쑥스럽구만

아름다웠던 아내와 젊었을 적 모습.

SCENE

최초의 프리랜서

지금은 예능인이 방송국 가리지 않고 여기저기 출연하지만 그 시작은 바로 나였다. 최초의 프리랜서 방송인 임하룡. 당시에는 신문에도 대서특필될 정도로 아주 큰 사건이었다.

92년도에 MBC에서 전속 제의가 들어왔다. 한참 이야기를 나누어 MBC 전속으로 이적하는 것을 협의한 상태였다. 하지만 KBS에서는 나를 놓치고 싶지 않아 했다. 그도 그럴 것이 나는 대상을 두 번이나 받은 코미디언으로 당시 인기가 좀 있는 편이었다. 당시 담당이었던 배철호 PD가 "대상을 두 번이나 받아놓고 왜 옮기려고 해요? 차라리 프리를 해보는건 어때요?"하고 의견을 줬다. 양 방송사와 오래 대화를 나누고 마침내 나는 프리랜서를 선언했다. 당시엔 처음 있는 결정이었지만, 이 덕분에 나는 방송국을 가리지 않고 어디든 출연할 수 있게 되었다.

그렇게 시작한 프로그램이 바로 MBC 〈오늘은 좋은 날〉이었다. 이영자, 이휘재, 최성훈, 이상아, 그리고 나까지 모두 5명이서 진행하는 프로그램이었다. 5명이서 1시간을 꼬박 출연하다 보니 프로그램의 모든 콩트에 모두가 다 출연하는 시스템이었다. 약 8개의 코너로 쉴 새 없이 돌아갔는데, 매주 기획하고 회의하고 프로그램을 짜는 것이 굉장히 힘들었던 기억이 난다. 그래도 모두가 마음을 하나로 모아 힘들게 준비해서인지, 획기적인 프로그램으로 소문이 나서 시청률이 아주 잘 나왔다.

〈오늘은 좋은 날〉 할 때는 또 내가 이경규를 삼고초려해서 같이 프로그램을 짜고는 했었다. 천하장사 출신의

'소나기'란 프로그램으로 유명해진 강호동도 함께 출연하면서 인연을 쌓았기도 했다.

나중에는 SBS 〈기쁜 우리 토요일〉에서 섭외가 들어왔다. 〈기쁜 우리 토요일〉은 신동엽, 홍록기, 이영자가 진행을 하던 젊은이들에게 인기인 프로그램이었다. 처음에는 드라마 〈모래시계〉를 패러디한 야외물이었는데, 단발성 출연 섭외였다. 내가 신동엽, 홍록기, 이영자와 함께 프로그램을 해보고 싶어서 그렇게 하지 말고 같이 MC 군으로 해주었으면 한다고 의사를 밝히면서 MC로 프로그램에 합류했다. 여기 출연하면서 방송 3사에서 모두 프로그램에 출연하게 되었다.

지금 생각해 보면 그때는 내가 조금 건방을 떨었던 것 같다. 3개 프로그램에서 일주일에 한 열댓 개나 되는 콩트를 진행하다 보니 너무 힘에 부쳤다. 소재도 점점 고갈되고 피로가 쌓였다. 그래도 어쩌겠는가. 내가 선택한 길이니 꾸역꾸역 해나갔다.

이거 참 쑥스럽구만

또 〈오늘은 좋은 날〉 대형 히트를 기록한 것이 '귀곡 산장'이다. 이홍렬과 콤비를 짜 산장의 노부부를 연기했다. 매주 당대 톱 클래스의 여배우들이 게스트로 출연했는데, 코미디언 둘이 개그를 하고 짓궂게 놀리면서 "뭐 필요한 거 없수? 없음 말구" 하고 묻는 모습이 시청자들에게 큰 웃음을 끌어냈다. 이것은 또 다른 콤비와의 놀라운 시너지였다. 그렇게 나는 안정적으로 프리랜서 코미디언 1호로 나만의 길을 계속해서 걸어 나갔다.

매번 다른 콘셉트를 가지고 새로운 프로그램을 선보이려고 했었는데, 그중에 아직도 아쉬움에 남는 게 하나 있다. 〈일요일 일요일 밤에〉에서 진행했던 '요리 천하'라는 프로그램이다. 여기서 나는 최고의 요리사들을 모시고 요리 대결을 했는데, 게스트로 김혜수, 최진실 등 당대 인기를 구사하던 스타들이 출연했다. 지금은 요리 대결 프로그램이 많이 나와 있지만, 당시에는 새롭다는 평을 많이 받았다. IMF가 오면서 아쉽게 없어진 프로그램이다.

SCENE

유행어에
목숨 걸다

하나의 프로그램을 성공시키기 위해서 나는 아주 디테일한 부분까지 신경을 많이 썼다. 그것은 아마도 내 천성이었을 것이다. 무대 위에 서는 사람은 단순히 대본에 적힌 대사만을 전달하는 존재가 아니라고 생각했다. 그 사람의 머리끝부터 발끝까지, 그가 입은 옷의 색깔과 질감, 구두의 닳은 정도, 어깨에 떨어진 작은 먼지 하나까지도 모두가 캐릭터의 일부이고, 이야기의 한 조각이었다.

관객들은 코미디언의 입에서 나오는 말에 웃기도 하지

이거 참 쑥스럽구만

만, 그의 어색한 몸짓, 과장된 표정, 그리고 그가 처한 상황과 전혀 어울리지 않는 의상에서도 웃음을 터뜨린다. 나는 그 모든 요소가 완벽하게 조화를 이룰 때, 비로소 최고의 웃음이 탄생한다고 믿었다.

특히 '도시의 천사들'을 하면서는 영화에 나오는 이탈리안 갱처럼 멋지게 옷을 입고 싶었다. 그래서 나는 내 사비를 들여 좋은 옷을 샀다. 당시 방송국의 의상실은 좀 열악했고, 모든 출연자에게 맞춤옷을 제공하기에는 턱없이 부족한 환경이었다. 대부분의 코너에서는 그저 상황에 맞는 기성복을 몇 벌 가져다 놓는 것이 전부였다.

하지만 나는 그 옷들로는 만족할 수 없었다. 각 캐릭터에는 그만의 사연이 있고, 그만의 성격이 있으며, 그만이 가질 법한 취향이 있었다. 나는 그 모든 것을 옷으로 표현하고 싶었다. 그래서 나는 내가 머릿속으로 그린 바로 그 캐릭터가 입을 법한 단 한 벌의 옷이 무엇일지 고민했다. 의상실을 샅샅이 뒤지기도 하고 마음에 쏙 드는 옷을 많이 찾아다녔다.

그렇게 공들여 고른 옷을 입고 무대에 서면, 나는 나 스스로가 더 당당해지는 것을 느꼈다. 완벽하게 캐릭터와 한 몸이 되었다는 자신감은 나의 연기를 더욱 자유롭게 만들었다.

신경 쓴 티가 났는지, 시청자들은 내 고민을 정확히 알아봐 주었다. 내 의상 자체가 하나의 볼거리가 된 거다. 당시에는 내가 다음 방송에 어떤 옷을 입는지를 기대하는 사람들도 많았다. 그러니 유행어나 캐릭터가 인기를 얻는 만큼 내가 입는 옷도 유행을 탔다. '옷 잘 입는 개그맨'이라는 소리를 듣기도 했다. 그래서인지 88년도에는 당대의 내로라하는 배우, 탤런트들을 제치고 베스트 드레서로 뽑히기도 했다. 패션 전문가들이 코미디언에게 주는 상이라니, 쑥스럽기도 했지만 기분도 좋았다.

솔직히 돌이켜보면, 그때 옷값으로 정말 엄청나게 탕진하

이거 참 쑥스럽구만

기는 했다. 밤무대를 뛰고, 온갖 행사를 다니며 번 돈의 상당 부분이 내 옷장으로 들어갔다. 아내는 가끔 그런 나를 보며 혀를 차기도 했다. 하지만 나는 후회하지 않는다.

그 시간은 단순히 옷을 사는 시간이 아니라, '임하룡'이라는 나의 정체성을 확실하게 확립한 소중한 시간이었다. 수많은 코미디언들 사이에서, 나는 나만이 가질 수 있는 독보적인 캐릭터를 구축하고 싶었다. 그것은 연기만으로는 부족했다. 나를 설명하는 가장 강력한 시각적 언어가 바로 '패션'이었다.

그 정점에 있었던 것이 바로 '빨간 양말'이었다. 〈추억의 책가방〉이라는 코너에서, 나는 반항기 넘치면서도 순수한 고등학생 역할을 맡았다. 그 캐릭터의 정체성을 어떻게 하면 한눈에 보여줄 수 있을지를 생각하다 문득, 내 젊은 시절 유행하던 나팔바지 아래로 언뜻언뜻 보이는 강렬한 빨간색 양말이 떠올랐다.

내가 나팔바지에 빨간 양말을 신고 다이아몬드 스텝을 밟을 때마다, 시청자들의 시선은 자연스럽게 나의 현란한 발놀림에 집중되었다. 빨간 양말은 단순한 소품이 아니라, 그 자체로 또 하나의 강력한 웃음 포인트가 되었다. 사람들은 나를 '임하룡'이라 부르기보다 '빨간 양말'이라 불렀고, 그를 통해 나는 인기를 실감했다.

나만의 코미디를 만들기 위해 조금은 열과 성을 다한 시간이었다.

이거 참 쑥스럽구만

〈봉숭아 학당〉의 선생님 역할을 맡았을 때.
맹구 이창훈과 오서방 오재미.

3장 새로운 시작
진심의 힘

이거 참 쑥스럽구만

SCENE

콩트가
저물던 시기

〈개그 콘서트〉가 생기면서 나는 두 번째로 '봉숭아학당'에 합류했다. 이번에도 선생님 역할이었다. '봉숭아학당'은 수많은 코미디언이 각자 자신만의 캐릭터를 가지고 쉬지 않고 개그를 쏟아내는 프로그램이었다. 그렇기에 그 소란스러운 가운데에서 모두를 조율하며 극을 안정적으로 끌어나가는 역할이 반드시 필요했다. 나는 그 중심에서 선생님으로서 후배 코미디언들의 개그를 이끌어내고 반응해 주면서 하나의 극을 만들었다.

이거 참 쑥스럽구만

두 번째 '봉숭아 학당'을 하던 시기에는 이미 코미디 프로그램은 사양길에 접어들고 있었다. 아마 콩트를 제대로 선보일 수 있는 프로그램은 〈개그 콘서트〉 하나밖에 없었던 것으로 기억한다. 나는 또다시 변화해야 한다는 걸 어렴풋이 깨달았다. '봉숭아 학당'에서 하차하면서 나에게는 할 일이 사라졌다.

그동안 나는 콩트를 통해 연기를 계속 선보였다. 연극영화과를 다녔기도 했고, 연기에 대한 내 마음 속의 욕심이 계속 있었기 때문에, 이번에는 연극이나 영화를 제작해보고 싶다는 생각이 들었다. 그때 만난 사람이 바로 장진 감독이었다. 그런데 한 번 만나서 전반적인 제작 이야기를 듣는데, 이건 뭐 너무나도 골이 아픈 이야기였다. 아무래도 모든 것에 제작비를 먼저 생각해야만 하니, 무엇을 하든 다 돈이었다.

이건 내가 손을 댈 수 있는 영역이 아닌 것 같다는 생각이 단번에 들었다. 장진 감독에게는 연극이든 영화든 내가 할 수 있는 게 있다면 언제든지 연락을 달라고 이야기하고 헤어졌다. 이렇게 맺은 장진 감독과의 인연이 연기를 할 수 있는 길을 활짝 터주었다.

이거 참 쑥스럽구만

SCENE

영화에
발을 들이다

2004년에 해남 땅끝마을, 강원도, 평창 등 전국을 돌며 5~6개월을 고생하며 영화를 찍었다. 고되게 촬영을 하느라 이런 저런 잔병이 들었다. 지금 돌아봐도 인생에서 가장 힘든 경험이었다. 그렇게 출연한 영화가 〈웰컴 투 동막골〉.

그때 내 나이가 쉰이었는데 새벽까지 밤을 꼴딱 새우는 일도 잦았다. 나는 몇 번이고 '내가 이걸 왜 한다고 했지?' 후회했다. 영화에 참가하는 사람 중에 내가 제일 나이가 많았다. 눈이 몇십 센티미터씩 쌓이는 깊은 산중에서 촬영할 때는 대기하면서 부엌 같은 곳에서 다 같이 짚단을 깔아 놓고 앉아 난로를 쬐기도 했다. 안구건조증도 그때 얻은 고질병이다. 버려진 탄광을 개조해 만든 세트에서 촬영을 하다 보니 자고 일어나면 눈이며 코며 시커먼 물이 줄줄 흘렀다.

그렇게 고생해서 찍었던, 우리나라 영화 역사에 한 획을 그은 이 작품은 나에게 청룡영화상 남우 조연상이라는 아주 큰 상을 안겨주었다. 상을 받은 날은 후배들로부터 무수한 축하 연락이 쏟아졌다. 메시지가 얼마나 많이, 또 빨리 들어오는지 제대로 확인하기가 어려울 정도였다. 개그맨 후배들은 선배가 영화라는 다른 필드에서 새로운 기록을 낸 것을 자기 일처럼 기뻐하며 축하해 주었다. 내가 새로운 길을 닦았다는 것이 무척이나 뿌듯하기도 하고 스스로도 자랑스러웠다. 이래서 내가 이걸 했구나, 그 고생을 했구나 싶기도 했다. 그때 가장 크게 들었던 생각은 이렇게 많은 후배들이 나를 보고 있으니 앞으로 더 잘해

이거 참 쑥스럽구만

야겠다는 거였다.

 이 영화 전에는 연극 〈웰컴 투 동막골〉에도 같은 역으로 출연했는데, 당시 연출은 장진 감독이었다. 한 번 맺은 인연을 잊지 않고 나를 불러 주어서 무척 고마웠다. 박광현 감독의 〈묻지마 패밀리〉에서 〈웰컴 투 동막골〉로 이어지는 필모그래피를 만든 뒤부터는 다양한 작품에서 연기를 선보였다. 뮤지컬, 연극, 영화 가리지 않았다.
 사실 지나서 하는 말이지만, 코미디언이라는 이유만으로 출연이 취소되었던 적도 있었다. 그러니 나에게 연극과 영화에서 연기할 기회를 준 장진 감독, 박광현(박배종) 감독에게는 정말 감사한 마음이다.

 2023년에는 〈풀 몬티〉라는 뮤지컬에도 출연했다. 홀랑 벗고 공연하는 뮤지컬인데 내가 노래가 약해서 밴드를 무척 고생시켰던 기억이 난다. 아마 박자를 너무 못 맞춰서 화제가 되었을 거다.

그리고 나서 〈맨발의 기봉이〉, 〈굿모닝 프레지던트〉, 〈이웃 사람〉 같은 영화를 찍었고, 그다음에 드라마도 많이 찍었다. 최근에는 〈힘쎈여자 강남순〉에 출연했다. 그래서인지 젊은 친구들 중에는 곧잘 나를 배우로만 아는 친구들도 있다.

한때는 임하룡은 이제 코미디는 안 하고 연기만 한다는 이야기도 있어서 속상한 적이 있었는데, 원래 코미디언이 '희극 배우'라는 말이기 때문에 영화, 드라마에서나 코미디 프로그램에서나 연기를 한다는 점에서는 같다는 생각이다.

이거 참 쑥스럽구만

영화 〈웰컴 투 동막골〉을 촬영하며 배우들과 함께.

뮤지컬 〈브로드웨이 42번가〉 중에서.

이거 참 쑥스럽구만

SCENE

사이코 드라마

사람들은 종종 코미디와 정극 연기를 전혀 다른 영역의 일처럼 구분 짓고는 한다. 하지만 나는 그렇게 생각하지 않는다.

내가 스무 살이 넘어 처음으로 세상에 나 자신을 드러냈던 엔터테인먼트가 바로 연극이기도 했고, 수십 년간 내 삶의 전부였던 콩트도 사실은 주어진 역할에 맞는 연기를 하는 것이기 때문이다. 슬랩스틱이든 애드리브든 혹은 잘 짜인 희극이든, 그 모든 것의 뿌리에는 '캐릭터'에 대한 깊은 이해와 '상황'에 대한 몰입이 자리하고 있다.

    나는 종종 이런 비유를 들곤 한다. 팬티를 팔든 겉옷을 팔든, 옷장수는 그저 옷장수일 뿐이다. 파는 물건의 종류가 다르다고 해서, 물건을 팔기 위해 손님을 대하고, 좋은 점을 설명하고, 결국 마음을 움직여 지갑을 열게 만드는 그 행위의 본질이 달라지지는 않는다.

    코미디, 연극, 영화는 모두 다 다른 이름을 가지고 있고, 저마다의 문법과 약속이 있다. 하지만 기본적으로는 주어진 캐릭터에 완벽하게 몰입하여 그 인물이 겪는 감정과 상황을 진실하게 표현해내야 한다는 점에서 같다. 관객을 웃기는 것과 울리는 것은, 결국 그들을 이야기 속으로 얼마나 깊이 끌어들이느냐에 달려 있다. 그래서 나도 한 시대를 풍미했던 콩트 프로그램이 점점 사라지던 그 서글픈 시절에, 다시 연기에 도전할 수 있었다.

    그것은 내게 전혀 다른 분야로의 외도가 아니라, 그저 옷 가게의 진열 상품을 바꾸는 것과 같은 일이었다. 물론

이거 참 쑥스럽구만

나는 대학에서 연극을 전공했고, 극단에 소속되어 무대 연기를 익혔다. 선배들의 불호령 아래 발성과 호흡을 다듬었고, 동료들과 함께 대본을 분석하며 인물을 만들어가는 법을 배웠다. 그 시간은 분명 지금의 나를 만든 소중한 자양분이었다.

하지만 내가 '연기'라는 것의 가장 깊고 본질적인 속살을 마주한 곳은, 아이러니하게도 화려한 무대 위가 아니었다. 내가 연기를 가장 많이 배운 곳은, 다름 아닌 정신병원이었다.

모든 것을 잃고 방황하던 시절, 나는 극단을 그만두고 한 정신병원에서 보조원으로 일했다. 이 일은 당시 내가 속한 등산 모임의 부회장이었던 김유광 박사님이 소개해준 것이었는데, 박사님께 어려웠던 시절 도움을 많이 받았다. 사비로 월급을 챙겨주시면서 꼭 연예인이 되라고, 꿈을 버리지 말라고 힘을 많이 주셨다.

그때 내가 했던 일 중 하나가 바로 사이코드라마에 참

여하는 것이었다. 사이코드라마란 우리말로 심리극이라고 하는데, 연극이라는 매체를 통해 한 사람의 억눌린 감정을 표출하게 하고, 마음의 상처를 치유하는 아주 특별한 치료 기법의 하나다. 그곳에는 정해진 대본도, 화려한 조명도, 박수를 쳐주는 관객도 없었다. 오직 자신의 아픔을 마주하려는 용기를 낸 환우분들과, 그들의 이야기에 조용히 귀를 기울이는 몇몇 사람들만이 존재했다.

나는 거기서 환우분들과 함께 연극을 하면서, 연기의 새로운 차원을 경험했다. 그분들의 연기는 '보여주기 위한' 연기가 아니었다. 그것은 '살아내기 위한' 연기였다.

그분들은 무대 위에서 아버지가 되기도 하고, 어린 시절의 자기 자신이 되기도 하면서, 과거의 상처와 정면으로 마주했다. 그들의 눈물은 진짜 눈물이었고, 그들의 분노는 진짜 분노였으며, 그들의 용서는 진짜 용서였다.

나는 그 옆에서 그들의 상대역이 되어주면서, 주어진 상황에 완전히 몰입하고, 꾸며낸 감정이 아닌 진심으로 연기하는 것을 배웠다. 그 어떤 연기 스승도 가르쳐주지 못

했던, 살아 있는 감정의 무게와 진실의 힘을 그곳에서 온몸으로 체득했다. 그것은 내 연기 인생에 있어 가장 귀하고 아픈 수업이었다.

SCENE

내가 계속할 수 있는 이유

아버지가 일찍 나를 서울로 유학을 보낸 덕에 나는 어려서부터 생존 처세술을 몸에 익혔다. 동네 어르신들을 보면 깍듯이 인사하고 싹싹하게 구는 것. 인사를 잘해야 뭐 하나라도 얻어먹을 수 있었다. 그러니까 내가 가진 사교성이나 너스레 같은 것은 아버지가 나를 서울로 혼자 보낸 덕에 자연히 터득한 생존 기술인 것이다.

반대로 부모님의 감시가 없으니 학교를 다니면서도 만화 가게나 극장 구경을 정말 엄청나게 다녔다. 그러면서 나

이거 참 쑥스럽구만

도 모르게 엔터테인먼트 문화를 습득할 수 있었다. 학식은 남들보다 좀 부족할지 몰라도, 그래도 연예계 쪽과 연결될 만한 기술들을 익힌 거다(다이아몬드 스텝 같은). 춤이나 개그 같은 연예인으로의 능력은 그렇게 후천적으로 스스로 개발했다는 생각이 든다.

수많은 스타가 화려하게 피고 또 쓸쓸히 지는 걸 오랫동안 지켜보았다. 역시 너무 건방을 떨면 오래 못 간다는 건 변치 않는 진리다. 나도 건방을 떨었던 시기가 있었기에 자신 있게 할 수 있는 말이다. 항상 겸손하고 남을 존중하는 자세를 몸에 지니고 있어야 오래 일할 수 있다.

SCENE

난 사실
가수

난 가끔 나 자신을 무도인이라고 생각한다. 무모한 도전을 하는 사람이라는 뜻이다. 내가 무모해질 수 있는 건, 난 항상 즐거운 방향을 선택하기 때문이다. 내가 좋은 일을 해야지 어떤 일이든 끝까지 완주할 수 있다. 그리고 즐거워야지 더 잘할 수 있다. 그래서 나는 내가 좋아하는 것, 그리고 즐거운 방향을 택하면서 언뜻 보기에 무모한 도전을 계속하고 있다.

노래도 뛰어나지 않으면서 뮤지컬에 도전하고, 연기를

이거 참 쑥스럽구만

하고, 그림을 그리고. 어떻게 보면 나는 나에게 즐거운 일만 하면서 살아왔다. 그러다 보니 남 앞에 서서 내 이야기 하는 일, 예를 들면 강연이나 주례 같은 거는 너무 쑥쓰럽고 어쩔 줄을 몰라 못 하겠다.

콩트나 연기는 다른 사람이 되어서 하니까 너무 좋다. 드라마에서는 내가 나쁜 놈이 될 수도 있고 거침없이 욕을 할 수도 있다. 별짓을 다 해도 용서가 되니까. 그래서 참 좋다는 생각이 든다. 그래도 이제는 그동안 미뤄왔던 것들도 해야 할 때가 된 것 같다. 후배들이 계속 주례를 봐 달라고 하니 주례도 서 볼까 싶고.

무모한 도전 이야기를 하다 보니까, 난 사실 가수다. 벌써 음반을 4개나 냈다. 처음 낸 노래는 〈내 사랑 맘보〉. 그런데 하필 신신애 씨의 〈세상은 요지경〉이랑 같이 나와서 붙는 바람에 폭망했다. 당시 신곡들끼리 배틀하는 프로그램이 있었는데, 거기서 그만 떨어져서 김이 확 새는 바람에 홍보도 안 했다.

그다음에 부른 노래는 팝송 〈프라우드 메리proud mary〉를 개사해서 부른 〈추억의 책가방〉이라는 노래. 그때 하루에 20곡을 녹음했으니 말 다했다. 20곡을 녹음하다 보니 다음 곡을 부르라는데 어떤 노래는 잘 모르겠고, 그럼 앞에서 개사를 해준 김일중 작가가 불러주면 그걸 듣고 바로 따라 불러서 녹음하고 했다. 정말 웃기는 일이었다.

그다음부터는 싱글이 나오기 시작했다. 〈나는야 젊은 오빠〉는 〈아라비안 나이트〉를 부른 가수 김준선이 만들어 준 노래다. 그 다음에는 현진영에게 부탁해서 아들과 같이 부를 수 있게 〈친구여〉라는 노래를 만들었다. 그런데 아들이 창피했는지 안 부른다고 해서 결국 혼자 불렀다. 그다음에 아들에게 생일 선물로 김종환 작사·작곡의 〈너를 더 사랑할게〉라는 노래를 선물하기도 했다.

뮤지컬도 할 얘기가 많다. 예전에 〈요셉 어메이징 테크니컬 드림코트〉라는 뮤지컬에 섭외가 됐었다. 파라오 역을 하는데 노래를 너무 못해서 난리가 났다. 스테프들이

이거 참 쑥스럽구만

도저히 안 되겠다고 해서 AR을 떠서 불렀다. 근데 이제 그게 자존심이 무척 상했다. 다른 뮤지컬에서 다시 한번 리벤지를 하고 싶다는 생각을 했다.

그렇게 출연하게 된 것이 바로 〈풀 몬티〉. 거기에도 좀 힘든 노래가 하나 있었는데, 그래도 그거는 라이브로 전부 다 했다. 아마 나보다는 내 박자에 억지로 맞추는 밴드들이 무척 고생했을 거다.

다음으로 〈브로드웨이 42번가〉는 다행히 노래가 없어서 그냥 편하게 한 기억이 난다. 최근에 한 번 뮤지컬 섭외가 들어왔는데, 겁이 덜컥 났다. 거기 노래 한 두 곡이 너무 좋아서 욕심이 났지만, 그만큼 겁이 더 컸다. 결국 그 역할은 못했다.

그래도 앞으로 좀 해보고 싶은 거는 〈지붕 위의 바이올린〉이나 〈크리스마스 캐럴〉의 스크루지 영감 같은 거를 해보면 어떨까 싶다. 재밌게 각색하고 노래도 넣어서 한번 해보고 싶은 마음이 있다. 다만 내가 직접 제작하기에는 나에게 제작자 마인드가 없다. 마음만 있지 잘 안되더라고. 무대에서 노래 부르고 연기하는 기회가 꼭 다시 찾아왔으면 좋겠다.

이거 참 쑥스럽구만

앨범 〈나는야 젊은 오빠〉의 자켓 사진.

45주년 기념 앨범 〈친구여〉는 현진영이 노래를 만들어줬다.

이거 참 쑥스럽구만

무대에서 노래하는 것이 즐겁다.

4장 웃으며 살기

이거 참 쑥스럽구만

SCENE

졸작

2018년 어머니가 쓰러지셨다. 노인복지관에서 에어로빅을 하시다가 갑자기 부정맥이 와서 그게 원인이 되어 심정지가 왔다. 그때 갑작스럽게 어머니가 거의 식물인간처럼 거동이 불편하게 되셨고, 그러면서 나는 어머니 간병을 하느라 일을 모두 손에서 놓았다.

어머니는 젊은 시절 사모님 소리를 들으며 넉넉하게 살다가 갑자기 가세가 기울면서 온갖 고생을 다 하셨다. 양품점을 하시기도 했고 가판에서 떡볶이와 분식을 파시기

이거 참 쑥스럽구만

도 했다. 나중에는 보험 일도 하시고, 그러면서 우리 오 형제를 키우느라 고생을 하셨다. 내가 돈을 벌고 나서는 효도를 한다고 했지만 지금 생각하면 너무 해드린 것이 없어서 후회만 남는다.

그런 어머니가 쓰러지시자, 어머니 치료가 세상 무엇보다 우선이었다. 방송을 하면서 어머니를 온전히 보살피는 일이 힘들어지면서 결국 요양병원에 모셨다. 그러고는 일주일에 한 번 정도 형제들이랑 같이 병원을 방문해서 어머니 간병을 하고 그랬다. 마음이 너무 괴롭고 힘들었다. 암흑 같은 시기였다.

그때 마침 누가 그림을 그리러 간다는 소리를 듣고 어릴 적 나의 꿈이 화가였던 것이 떠올랐다. 그때부터 그림에 더 오랜 시간 마음을 쏟아 그리기 시작했다.

마음이 괴로울 때 그림을 그렸다. 그림은 물감하고 캔버스만 있다면 오롯이 혼자 할 수 있어서 좋았다. 내 마음속에 희미하게 아른거리는 것들을 종이 위에 옮기면서, 나는 그 시간들 속에 스스로 치유받았다.

벌써 7년이 넘는 세월 동안 그림을 계속 그리고 있다. 그 가운데 개인전도 여러 번 치렀다. 감사하게도 내 그림을 좋게 봐주는 분들이 있어서 계속 붓을 잡을 수 있었다. 이 나이에도 이렇게 감사할 일투성이다. 올해로 벌써 7번째 개인전을 열었는데, 잊지 않고 매번 전시에 참석해 주는 이수근, 하하, 윤택, 안영미, 문세윤, 최성민, 남현주, 김현희, 김정란, 이태란, 손현수, 장도연, 김기리, 소유진, 고은주, 심진화, 손비야 등 수많은 동료 연예인들에게도 감사한 마음이다. 또 고마운 분들은 바인그룹 김영철 회장님을 비롯해 내 작품을 구매해 주신 콜렉터 분들이다. 좀 더 멋진 작품으로 보답해 드리고 싶은 마음이다.

그림을 그리고 전시를 하면서 내 호를 스스로 '졸작'이라고 불렀다. '졸지에 작가가 되었다'는 뜻이다. 어릴 적부터 좋아하던 그림을 개인적인 이유에서 다시 시작하게 된 것인데, 사람들은 나를 작가라고 불러준다. 나의 그림 세

이거 참 쑥스럽구만

계를 이해하려고 하고 공감해 준다. 그림을 통해서도 좋은 인연들이 계속 생긴다.

내가 그리는 것들은 다양한데, 유독 눈이 자주 등장한다. 나에게 눈은 교감의 의미가 있다. 서로 마주 보는 것, 그리고 서로 교환하는 눈빛 같은 것. 그리고 나는 눈이 가장 생명력이 강한 부분이라고 생각한다. 서로를 인식하고 느끼고 교감하기에 가장 생명력이 강한 신체 부위라는 생각이다.

내 그림에는 또 여러 시리즈가 있는데 선인장, 해바라기 등을 의인화하거나 한글, 아라비아 숫자 등을 활용해서 그림을 그린다. 대개는 나의 고향을 상징하거나 가족, 친구, 소중한 내 사람들을 나타내는 것이 많다. 그리고 싶은 것을 그리다 보니 자연스럽게 내 가족들을 많이 생각하게 된다.

내 동생들에게도 미안함이 조금 있다. 형이 공부는 안 하고 놀기만 해서. 그래도 각자 알아서 자기 인생을 찾고 살아가는 모습을 보면 기특하고 고맙다.

    요새 그리는 나무 시리즈는 내가 젊을 적부터 계속 해서 그리던 풍경이다. 옛날 시골에 우리 집 앞에 커다란 나무 한 그루가 서 있는 성황당이 있었다. 바로 옆에 냇가가 있고. 멀리 점점이 늘어선 초가집도 보이고. 그게 바로 내 기억 속의 시골 풍경이다. 내 상상 속 고향 그림이라고 해도 좋다. 야산 밑에 집이 있었기 때문에 저 멀리 산도 같이 그리는 경우가 많다.

    이렇게 보니 내 그림의 테마는 '그리움'이 크다. 자꾸 생각나는 옛날의 일들. 그리고 나의 고향과 사랑하는 아버지.

이거 참 쑥스럽구만

오 형제와 어머니.

25세 때 나와 45세 때 어머니.

이거 참 쑥스럽구만

고향의 모습을 모티브로 작업한 그림.
녹색 그리움, 2022

아라비아숫자 시리즈 〈채플린〉, 2024

이거 참 쑥스럽구만

아라비아숫자 시리즈 〈킹〉, 2024

아라비아숫자 시리즈 〈제너럴〉, 2024

이거 참 쑥스럽구만

나는 삐에로, 2022

붉은 노을, 2019

이거 참 쑥스럽구만

어머니, 2019

마지막 잎새, 2018

이거 참 쑥스럽구만

SCENE

주변을 챙겨야 멀리 갈 수 있다

인터넷에 내 얘기를 검색하면 그렇게 주변을 잘 챙긴다는 미담이 많이 나온다. 근데 사실 이게 그렇게 거창한 게 아니다. 좋은 날 마음을 전하고 생일날 축하한다는 말 한 마디 건네는 것. 정말 사소한 마음일 뿐이다.

나는 사람을 워낙 좋아한다. 그래서 우리 집 지하에 아지트를 만들어 '젤로 바'를 열기도 했다. 여기 사람들을 초대해서 공연을 열기도 하고 사교와 교류의 장을 만들었다. 김장훈, 박상민, 이은하를 비롯해 수많은 뮤지션과 개그맨이 공연을 하기도 했다. 젤로 바를 운영하면서 재밌게 지냈는데, 세상 일은 참 모르는 거다. 코로나19로 팬데믹이 오면서 문을 닫고 말았다. 그때 공연을 열어 도와주고 찾아와 줬던 모든 사람에게도 참 고마운 마음이다.

아들 결혼식에 수많은 하객이 참여한 것도 기사가 많이 났다. 처음에는 600석을 준비했다가 자리가 부족할 것 같아서 1200석으로 늘렸는데, 결혼식 당일 2000명이나 되는 하객이 참석해 주셨다. 자리가 없어서 식장이 가득 찰 정도로 서서 축하를 해주었는데, 아직도 너무 감사한 마음이다. 혹시라도 그때 식사를 못하신 분들은 지금이라도 연락을 주면 식사를 대접하고 싶다.

주변 사람을 챙기는 이런 마음을 나에게 가르쳐준 것은 고 서영춘 선생님이다.

중학교 때 땡땡이치고 극장 구경을 엄청 다녔을 때 동대문 극장에서 서영춘 선생이 콩트 하는 것을 처음 보았다. 당시 이기동 선생이랑 콤비를 이루어서 이발소 콩트를

이거 참 쑥스럽구만

했는데, 뜨거운 수건을 얼굴에 엎어주고 뜨거워서 화들짝 놀라고 하는 마임이 곁들여진 코미디였다. 당시 나는 그게 너무 웃겨서 배를 잡고 웃었다. 나중에 군대 제대하고 운현궁 TBC 스튜디오에서 선생님을 실제로 뵈었을 때, 수트 차림에 중절모를 쓴 모습이 너무나도 멋있었다. 그 후에 개그맨이 되어서 어느 스튜디오를 지나가는데 "니가 임하룡이냐?"라고 말을 걸어주어서 굉장히 놀랐던 기억이 있다. 일이 잘 풀리지 않아 힘이 들 때 누군가가 나를 알아봐 주고 이름을 불러준다는 것이 얼마나 큰 힘이 되는지 그때 배웠다. 그래서 나도 신인 개그맨들을 보면 아는 척을 해주려고 하고 이름을 외워서 불러주려고 노력한다.

90년대 초중반에 소위 감자골 사태라고 하는 큰 일이 있었다. 당사자였던 김국진, 김용만, 박수홍, 김수용을 코미디언 협회에서 제명을 하네 마네 말도 아니었다. 당시 감자골 멤버들은 신인이었고 이제 막 자라는 새싹이었다. 그래서 나는 아직 싹도 안 자란 애들한테 제명은 좀 심한 거 아니냐고 반대 의견을 냈다. 일부러 챙기려고 그랬다기 보다 그게 맞다는 생각이 들었다. 이 사건으로 이들은 한동안 활동을 하지 못했지만, 그 시간을 이겨내고 지금 이렇게 대단한 성공들을 거뒀으니 대견하고 뿌듯하다. 그때 한마디 거들었던 것 뿐인데 아직도 그들은 잊지 않고 매년 감사한 마음을 전해준다. 그들의 이런 마음도 고맙다는 생각이 든다.

또 나는 한 번 맺은 인연을 소중히 하려고 노력한다. 그러다 보니 전화번호부에는 저장된 번호가 만 명이 넘어간다. 사실 상대방이 나와의 인연을 귀중히 여겨주는 일이 더 많다. 우연히 만나서 오래 연을 간직하고 지내는 동료들이 많이 있다. 내로라하는 대한민국의 톱스타들부터 이름 나지 않은 무명의 연예인들까지 잘해주지도 못했는데 오래 소중히 이어지는 인연들이다. 매번 큰 일이 있으면 발 벗고 나서주는 고마운 사람들.

그런데 이렇게 사람을 잘 챙긴다는 소문이 나니까 혹

이거 참 쑥스럽구만

시라도 누구 한 명 빼먹고 안 챙겨서 그 사람이 섭섭해할까 봐 그게 너무 걱정이 된다. 그래도 요즘은 카카오톡에 생일이며 소식이 다 뜨니까 그거라도 꼼꼼히 체크하면서 생일 메시지라도 빠뜨리지 않으려고 노력한다.

어디 돈을 크게 내고 좋은 선물을 하고 그런 것보다, 좋은 날에 혼자가 아니라고 알려주고 싶은 마음이다. 나도 누가 관심 가져주면 고마운 것처럼, 주변에 관심을 많이 보여주려고 한다. 전화 한 통화 문자 한 통이 정말 소중하다는 것을 내가 알기 때문이다. 적어도 일 년에 한 번이라도 너를 생각하고 있다는 마음이라도 전할 수 있으니, 생일은 꼭 챙기려고 하는 편이다. 생일날 축하 한 마디 못 받으면 얼마나 슬플까 싶어서.

받은 마음을 돌려주려고 한 것인데 자꾸 미담으로 퍼져서 이거 영 쑥스럽다.

유튜브 출연 기념으로 남진 형님과
채널의 매니저 역할을 해주는 개그맨 남현승과 함께.

이거 참 쑥스럽구만

좋은 인연을 이어가고 있는 배우 차승원도 유튜브에 출연해 주었다.
오른쪽은 그의 성대모사를 잘 하는 개그맨 이재율.

SCENE

요즘의 일과

아침에 8시쯤 되면 일어난다. 나는 조금 늦잠을 자는 편이다. 일어나서 밥 먹고 씻고 준비하고 이것저것 하다가 11시쯤 집에서 나와 화실에 간다. 화실에서 한 서너 시간 정도 집중해서 아이디어도 정리하고 그림도 그리다가 오후 늦게 당구장을 간다.

예전에는 야간 업소도 많이 다녔으니까 아침 10시에 집을 나서면 새벽 늦게 집에 들어가고는 했다. 요즘은 그렇지 않으니 습관적으로 집에 일찍 들어간다. 특히 코로나

이거 참 쑥스럽구만

이후에는 꼬박꼬박 집으로 향하는 편이다. 별일이 없으면 집에서 저녁을 먹는다.

이렇게 단조로운 하루다. 그림 그리고, 당구치고. 아주 평범한 일상이다. 가끔 방송이 잡힐 때 빼고는 거의 똑같은 일상이다.

예전에는 골프를 많이 쳤다. 5개 팀에 소속되어 있을 정도였다. 그래서 한 주에 한 번은 골프를 나갔는데, 돈이 많이 드는 것은 물론이고 항상 4명이 모여야만 필드에 나갈 수 있다는 게 불편했다. 한 번 나가면 종일 시간을 보내야 한다는 것도 그렇고. 반면 당구는 너무 좋다. 혼자 설렁설렁 걸어가면 거기 당구 칠 사람들이 늘 있다. 정 사람이 없으면 사장님이랑 치면 된다. 동호인들이랑 당구를 치는 게 너무 재밌고 좋아서 요즘 잘 즐기고 있다.

약속 없이 가도 운동을 할 수 있다는 게 좋다고나 할까? 그리고 기껏 해봐야 1~2만 원이면 몇 시간씩 칠 수 있다. 그러니 뒤늦게 당구가 좋아졌다. 그러다가 골프를 몇 달

만에 한 번 나갔는데 그만 팔꿈치에 무리가 왔다. 그러니 무리한 운동은 자제해야겠다 싶었다. 옛날에는 골프라고 하면 그것도 운동이냐 그랬는데, 나이 먹으니까 그것도 안 쓰던 근육을 쓰게 되어서 다치기 쉽겠다는 생각이 들었다.

최근에는 유튜브 채널을 개설했다. 계속 이야기는 있었지만 누구를 섭외하고 부탁하고 하는 일이 부담스러워서 안 하고 있다가, 주변에서 권하는 사람이 많아서 시작해 보았다. 이제 몇 달 안 되었는데, 이게 꽤 재미가 있다. 오래 방송일을 하면서 연을 맺은 사람들이 다양하게 출연해 주어 '임하룡 쇼'라는 타이틀로 대화하는 형식의 프로그램을 진행하고 있다.

연예인들은 각자 특화된 구석들이 있다. 예를 들어 신동엽이나 탁재훈 같은 후배들은 야한 농담을 기분 나쁘지 않게 선을 지켜가면서 잘 풀어낸다. 내가 내세우는 것은 무조건 편안함이다. 편안한 자리에서 자기 얘기를 할 수

이거 참 쑥스럽구만

있게끔 해주면 좋을 것 같아서 그런 콘셉트로 유튜브를 진행한다.

처음에는 조회 수도 올려야 하고 채널을 알려야 하니까 좀 이름 있는 사람들을 섭외해야 하는가도 생각했다. 그치만 무엇보다 나도 편하고 상대도 편한 사람들을 초대하는 것이 보는 사람들도 편안하게 볼 수 있다는 생각이 든다.

그동안 출연해 준 남진 선배님, 전영록, 김연자, 설운도 등 가수들과 차승원, 정준호 등 배우들, 개그계 절친인 이성미, 이용식, 김학래, 최양락, 박명수, 조혜련, 서경석, 김효진, 정선희, 문천식 등과 옛 얘기 나누는 재미가 여간 쏠쏠한 게 아니다.

요즘은 뭔가 홍보할 것이 있는 후배들이나 자기 얘기를 알리고 싶은 사람들, 과거에 나와 친했던 사람들이 주로 출연한다. 섭외하는 것이 미안해서 망설였던 것인데, 요즘에는 오히려 안 불러줘서 섭섭해하는 사람들도 있다.

어쨌든 요새는 그나마 내가 하고 싶은 거, 그림 그리면서 토크 쇼를 재미있게 하다 보니 마음이 편하다. 일단 내가 할 수 있는 것 중에 편하고 즐거운 걸 하는 게 제일이다.

이거 참 쑥스럽구만

SCENE

눈에 넣어도 안 아픈 손녀들

아들이 결혼하고 손녀가 태어났는데, 이건 뭐 아들이 태어났을 때 하고는 또 마음이 다르더라. 마음의 결이 전혀 다른 새로운 행복이었다. 옛날에 아들이 태어났을 때는 먹고살기 바빠서 정말이지 정신이 없었다. 하루하루가 전쟁 같았고, 머릿속은 온통 다음 일거리와 다음 달 생활비에 관한 걱정으로 가득 차 있었다. 사랑하는 아내에게 번듯한 결혼식조차 올려주지 못하고 고생만 시키던 시절이었다. 갓 태어난 아들의 작은 얼굴을 들여다볼 시간보다는, 밖에서 한 푼이라도 더 벌어와야 한다는 압박감이 훨씬 더 컸다. 그때의 나는 아버지라는 이름의 무게는 무겁게 짊어지고 있었지만, 아버지로서의 기쁨은 제대로 누리지 못했던 것 같다.

그러다가 이제 생활이 한결 여유로워진 상태에서 작고 소중한 손주들이 태어나니까, 세상에, 그냥 너무 귀엽기만 하다. 그 존재 자체가 커다란 기쁨이고, 그 어떤 시름도 잊게 하는 위로가 된다. 어깨를 짓누르던 책임감의 무게 없이, 오롯이 순수한 사랑만으로 아이를 바라볼 수 있다는 것이 이렇게나 큰 축복인 줄 몰랐다.

또 아들이 태어났을 때는 이것저것 생계를 위해 수많은 일을 전전하느라, 아내가 아이를 온전히 보살폈다. 하지만 지금은 내가 애들 손을 잡고 놀러 가기도 하고 태권도장도 데리고 가고 그랬다. 내 눈에 보석 같은 아이들이 벌써 훌쩍 자라 고등학생이 되고, 초등학교 6학년이 되었다. 훌쩍 커버린 키만큼이나 아이들의 마음에도 나와의 거리가 조

이거 참 쑥스럽구만

금씩 생기는 것 같다. 사춘기가 오니까 할아버지랑 좀 데면데면해지는 게 있는 것 같아서 서운하기도 하다.

그게 인생이구나 싶다. 난 뭐든지 내가 그때 어땠는지, 내 살아온 시절을 한번 생각해 본다. 내가 몇 살 때는 어땠나. 내가 저 아이만 할 때는 마음이 어땠나. 그러다 보면 뭘 탓할 것도 없고 원망할 것도 없다.

내가 중학교 2학년 때를 한번 떠올려보면, 짝사랑하는 여학생이 생기면 온통 그 여학생 생각뿐이었다. 어떻게 하면 한 번이라도 더 마주칠 수 있을까, 무슨 말을 걸어야 할까 하는 생각들로 하루가 짧았다. 아버지, 할아버지의 마음을 헤아리기에는 내 마음의 시간이 턱없이 모자랐다. 아이들도 지금 꼭 그럴 거라고 생각한다. 그러니 자연스러운 일이고, 당연한 과정인 거다.

그런 일도 있었다. 하나뿐인 아들이 군대에 가 있을 때 나는 매일 편지를 썼다. 지금은 그 편지들을 갖고 있지 않지만, 외아들이라서 그런지 이상하게 마음이 더 애틋하고 매일 그립고 늘 걱정이 됐다. 그러다 와이프랑 면회를 갔다가 내가 그만 눈물을 펑펑 쏟고 말았다. 내가 막 우니까 아들이 놀라서 "아버지 저 여기 잘 있는데 왜 울어요?" 하고 나를 위로하며 물었다.

　사실 나는 그때 내 아버지 생각을 했다. 군복을 입은 아들의 모습 위로, 오래전 나를 면회 왔던 내 아버지의 얼굴이 겹쳐 보였다. 우리 아버지가 날 면회 왔을 때의 그 모습, 그 눈빛. 일찍 돌아가신 아버지가 너무나도 사무치게 생각이 나서 도무지 눈물이 멈추지를 않았다. 아들은 아들대로 나를 걱정하고, 나는 나대로 아버지를 그리워하며 울었던, 참 이상하고 애틋한 순간이었다.

　나에게는 가정이 무척 소중한 가치다. 가장 기본적인 구성 단위인 가정이 건강하고 행복해야, 그 가정들이 모여 만들어진 사회가 건전해지는 것 아닐까 생각한다. 각자의 자리에서, 각자의 울타리 안에서 서로를 하나씩 아끼고 보살피다 보면, 요즘 뉴스에서 자주 보이는 안타까운 사건·사

이거 참 쑥스럽구만

고들도 조금은 줄어들지 않으려나 하는 소박한 희망을 품어본다. 최소한 남한테만큼은 피해를 끼치지 말자는 그 마음 하나만이라도 모두가 가슴속에 품고 있다면 말이다.

마냥 예쁘기만 한
나의 손녀들.

이거 참 쑥스럽구만

SCENE

나의
아버지

내가 고등학교 때 말썽을 피워 다시 시골로 내려갔을 때, 아이러니하게도 오히려 우리 집은 서울로 이사를 오게 됐다. 아버지가 좋은 직장에 자리가 났다고 이주를 결심하신 거였다. 오래 다니던 농협을 관두고 한국마사회라는 아주 좋은 직장에 들어갔다. 그런데 그렇게 모두가 부러워하던 좋은 직장이라는 것이, 오히려 우리 집에는 골치 아픈 일이 되었다.

모든 자금을 책임지는, 즉 자금을 담당하는 부서의 장

을 맡다 보니까 스트레스가 어마어마하셨나 보다. 아버지는 혈압이 계속 안 좋으셨는데, 마흔여덟인가 젊은 나이에 풍이 왔다. 그 후 7년을 앓다가 돌아가셨으니 정말 너무 젊어서 가셨다. 나는 그때 좋은 직장이 오히려 역효과를 가져올 수 있다는 생각을 했다.

아버지는 나도 아버지처럼 은행에 들어갔으면 좋겠다는 생각이었는지 서울 상대에 진학했으면 하고 바라셨다. 아버지가 이루지 못한 꿈이라 나를 통해 이루고 싶으셨던 것 같기도 하다. 공부를 계속 시키려고 하셨던 것도 공부를 열심히 해서 상대에 갔으면 하는 간절한 바람 때문이었을 것이다. 그렇지만 나는 공부와는 영 맞지 않았고 아버지의 바람과는 반대로 계속해서 엇나가기만 했다. 나중에는 아버지가 모든 것을 포기하시고는 손수 적은 편지 한 통을 건네주셨다. 거기에는 이런저런 당부의 말과 함께 "공부를 안 해도 좋으니 자중자애하라" 하고 써 있었다. 스스로 중히 여기고 스스로를 사랑하라는 뜻이라고

이거 참 쑥스럽구만

나는 해석했다. 그 편지를 받고 많이 울었다. 아버지가 나에게 원했던 것, 그리고 나를 통해 꿈꿨던 것을 다 포기하고 그저 너 자신을 아끼라고 말해주신 그 마음이 그렇게 내 가슴에 사무쳤다. 지금까지도 이 네 글자는 내 인생에서 무언가를 결정할 때 가장 큰 영향을 미친다.

자중자애라는 아버지의 당부 때문인지 난 위험한 일은 못하겠다. 어디 가서 놀이기구 한 번을 제대로 타본 적이 없다. 청룡열차도 못 타고, 아직까지 운전도 안 한다. 위험하니까. 지금도 항상 그렇게. 내 몸을 아끼고 위험하지 않게 보호하는 것에 신경을 많이 쓴다. 운동도 꾸준히 혈관 청소할 정도로는 하고 있고, 해외여행도 자주 안 간다. 조금이라도 위험해 보이면 멀리하고 안전을 최우선으로 생각하게 되었다.

지금도 난 아버지 얘기만 나오면 눈물이 막 난다. 이거 참 큰일이다. 그래서 방송에서는 절대 아버지 이야기를 안 하려고 한다. 옛날에 김형곤이 한 번은 "왜 창피하게 자꾸 울어" 했다. 나는 이렇게 대답했다. "너도 아버지 일찍 돌아가셔 봐라. 눈물이 안 나오나."

이거 참 쑥스럽구만

보고싶은 아버지.

제천 의림지에서 아버지, 동생들과 함께.
빛 바랜 사진 속 아버지를 보면 마음이 뭉클하다.

이거 참 쑥스럽구만

SCENE

조심스럽게
무난하게

중국 장예모 감독의 〈인생〉이라는 작품을 보면서 많은 생각을 했다. 그 작품에서 돈이 많은 집안의 주인공이 도박에 빠져 큰돈을 잃었다. 결국은 집까지 다 넘어가서 졸지에 거지가 되어서 인생이 바닥으로 추락했다. 그런데 곧 전쟁이 발발하면서 오히려 재산이 많은 사람들은 나라에 재산을 다 환원하게 되고 심하게는 사형을 당하기도 했다. 결과적으로 돈을 잃었던 그 절망적인 일이 오히려 그의 목숨을 구한 것이었다.

살아보니 인생이 늘 이런 것 같다. 좋은 일도 나쁜 결과를 낳을 수도 있고 칠흑 같은 절망 속에서도 희망의 싹이 피어난다. 잘 되고 못 되는 건 타고난 팔자일지도 모르지만, 그래도 사람이 너무 무리하지 않는 게 좋다는 생각이다. 마음 편하게 즐겁게 사는 게 최고다.

하고 싶은 거 다 하고 살아야 직성이 풀리던 내가 위험한 일에 휘말리지 않고 큰 사고 없이 무난하게 살아온 것은 겁이 많기 때문이다. 그래서 조금이라도 위험한 일 앞에서는 머릿속에 금방 "어? 이러면 안 되는데" 하는 경종이 울린다. 어쨌든 편안하게 위험하지 않게 사는 것이 내 인생의 기조다.

2002년도에 이주일 형님이 돌아가시고 하루아침에 담배를 끊었다. 이러면 안 되겠다는 생각이 들 때 실행력과 절제력은 뛰어난 것 같다. 젊어서 한창 돈을 벌 때도, 약간의 놀이에도 재미로 돈을 걸거나 도박성 놀이를 하는 것을 경계했다. 잘못했다가는 인생을 망치겠다는 생각이 번쩍 들었기 때문인데, 하다못해 내기 당구도 절대 손을

이거 참 쑥스럽구만

대지 않는다.

어떤 것이든 그저 가볍게 즐긴다. 골프도 당구도, 내기가 들어가면 재미는 더 있을지 몰라도 까딱 잘못하다가 크게 위험할 수 있겠다는 생각이 든다. 겁이 많아서 그렇다. 그리고 어릴 때 한 번 집이 폭삭 망했던 경험이 있어서 그런지, 돈으로는 절대 위험한 일을 하지 않으려고 한다. 너무나도 어려운 시기를 지나왔던 과거가 있어서 절제력이 몸에 깊이 새겨진 것 같다.

술을 안 하는 것도 같은 이유다. 술을 먹으면 아무래도 사람이 과감해지고 쓸데없는 것에 부질없는 용기가 생긴다. 나는 술을 먹지 않으니 새가슴으로 걱정하면서 조심하며 살게 된다.

무엇이든 내 마음 편하고 안전한 것이 최고다. 즐거운 것도 최대한 안전하게. 조심스럽게 무난하게 살자고 다짐했던 젊을 때의 생각이 지금까지 이어지고 있다. 이렇게 잔잔하고 평화로운 일상이 소중하다.

SCENE

나의 오랜 동료, 나의 귀인들

사람들은 흔히 인생에서 귀인을 만난다고들 한다. 그것이 얼마나 큰 복인지는 세월이 한참 흐르고 나서야 비로소 깨닫게 되는 것 같다. 내 인생을 찬찬히 돌아보면, 나는 참으로 귀인을 많이 만난 복 있는 사람이었다. 때로는 스승의 모습으로, 때로는 친구의 모습으로, 또 때로는 나보다 한참 어린 동생의 모습으로 그들은 내게 다가왔다.

    나를 방송으로 이끌어준 전유성 형, 손철 형, 김학래, 콤비를 꾸렸던 심형래, 김정식, 이홍렬, DJ를 같이 봤던 이

이거 참 쑥스럽구만

성미 등 데뷔 초에 같이 했던 선후배들, 〈추억의 책가방〉을 함께한 이경래, 조현영, 고 조금산, 〈도시의 천사들〉을 함께 만든 고 양종철, 조문식, 서원섭, 그외에도 그동안 다양한 장르의 수많은 작품 속에서 호흡을 맞췄던 선후배들, PD, 작가, 감독, 스태프분들까지. 이 모든 사람이 내가 걸어온 길의 귀인일 거라 생각한다.

최근에 내 유튜브 채널에 개그맨 심형래가 나왔을 때도 그랬다. 수십 년 만에 그와 함께 카메라 앞에 나란히 서서 얼굴을 마주하니, 잊고 있던 옛 시간들이 거대한 파도처럼 내 가슴으로 밀려왔다. 어색함도 잠시, 우리는 마치 어제도 함께 콩트를 짰던 사람들처럼 금세 편안해졌다. 젊고 서툰 시절에 만나서 부딪히기도 많이 부딪혔지만 그래도 둘이 함께였기에 지금 이 자리에 있을 수 있다는 생각이 든다.

좋은 콤비는 누군가 하나가 무대 위에서 길을 잃고 헤

매면, 다른 하나는 기가 막힌 타이밍에 끼어들어 그 실수를 웃음으로 승화시킨다. 상대방이 던진 애드리브가 객석의 차가운 외면을 받으면, 어떻게든 그 공을 다시 받아내어 기어코 웃음의 골을 만들어낸다.

그것은 단순한 기술이나 약속을 넘어선, 영혼의 교감과도 같은 것이었다. 나는 안정적인 토스를 올려주는 세터였고, 나의 동료들은 그 공을 강력한 스파이크로 내리꽂는 공격수였다. 우리가 서로를 보완하고 함께 극을 만들었기에, 인기도 얻을 수 있었다고 생각한다. 그렇게 우리는 서로의 빈틈을 완벽하게 채워주며 함께 빛났다. 그것이 내가 아는 최고의 파트너십이고, 내가 받은 최고의 복이었다.

이렇게 만난 인연들이 40주년 기념 디너쇼를 할 때 앞다투어 나서서 도와주었다. 전유성, 이홍렬, 이성미, 엄용수, 이경래, 오재미, 김진호, 홍록기, 김경식, 심현섭, 오나미, 클레오 채은정, 가수 이규석, 김혜림, 숙행, 옆집오빠

이거 참 쑥스럽구만

까지 16명이 참여해 주었다. 그외에도 고두심 선배, 이병헌, 설경구, 장동건 등 배우들과 김종국, 하하, 김희철, 장우혁 등 가수들, 거의 모든 개그맨 선후배들이 축하 영상을 보내 주었다. 김준선은 선물로 〈나는야 젊은 오빠〉라는 노래를 선물해주기도 했다. 이틀간 워커힐 호텔에서 공연한 디너쇼는 이틀 전석 매진으로 대박이 났다. 축하해 준 모든 분들에게 감사드린다(비싼 티켓을 사준신 관객 분들에게 특히 더). 너무 많은 사람에게 너무 많은 빚을 져서 이제 디너쇼는 다시 못할 것 같다.

내 코미디 인생에 수많은 동료가 있었다면, 내 연기 인생에는 장진 감독이라는 또 다른 귀인이 있었다.

그 역시 얼마 전 내 유튜브에 나와 주었는데, 우리는 또 한참이나 웃고 떠들며 옛날이야기를 나누었다. 내가 콩트 코미디언이라는 익숙한 옷을 벗고 영화배우라는 낯선 세계에 발을 들인 것은, 전적으로 장 감독과의 인연 덕분이었다.

공개 코미디 프로그램들이 하나둘씩 사라지고, 코미디언들이 설 자리가 점점 좁아지던 시절이었다. 나는 내 안에서 오랫동안 잠자고 있던 연기에 대한 오랜 꿈을 다시 꺼내 들었고, 무작정 그 젊고 재능 있는 감독을 찾아갔다.

그러고는 우스갯소리처럼, 하지만 반쯤은 진심으로 "나하고 영화 한번 하자"고, "제작비가 없으면 빚이라도 좀 내달라"고 그를 졸랐던 기억이 난다. 장 감독은 그런 나의 철없는 열정을 잊지 않고, 몇 년 뒤 연극 〈웰컴 투 동막골〉의 아주 중요한 역할을 내게 맡겨주었다.

그 연극은 내 인생에서 가장 고되었지만, 동시에 가장 눈부시게 빛나는 기억 중 하나로 남아 있다. 당시 공연장은 3층까지 합쳐 1000석이 넘는 아주 거대한 극장이었다. 하지만 놀랍게도 우리는 마이크 하나 없이, 오직 맨몸의 육성으로만 그 넓은 공간을 가득 채워야 했다. 나는 매일 밤 목이 터져라 소리를 질렀고, 공연이 끝나면 성대가 너덜너덜해지는 기분이었다.

첫 공연 날에는 어찌나 긴장이 되던지, 뜨거운 조명 아

이거 참 쑥스럽구만

래 입이 바싹바싹 타들어 가 대사가 도무지 나오지를 않았다. 순간 눈앞이 하얘졌고, 나는 다급한 마음에 무대 위에 개울처럼 만들어 놓은 곳의 물을 한 움큼 떠서 입을 축였다. 그런데 나중에 알고 보니 그 물은 마시는 물이 아니라, 부직포 위에 페인트를 칠하고 뿌려놓은 화학 약품이 섞인 소품이었다. 그 사실을 아는 옆의 동료들은 내 행동을 보고 기겁을 했다.

장 감독은 객석에서 그 모습을 보며, '저 양반이 얼마나 긴장했으면 저 물을 다 마시나' 하고 속으로 놀랐다고 한다. 그만큼 우리는 모두가 절박했고, 자신의 모든 것을 그 무대 위에 남김없이 쏟아부었다.

훗날 장 감독은 나를 캐스팅한 덕분에 '배우 보는 눈이 있다'는 칭찬을 듣게 되어 좋았다고 너스레를 떨었다. 하지만 사실은 정반대다. 나는 나의 가능성을 믿고, 배우라는 새로운 얼굴을 찾아준 그가 늘 한없이 고맙다. 결국 돌이켜보면 서로가 서로의 덕을 본 셈이다. 한 사람의 믿음이 다른 한 사람의 잠재력을 깨우고, 그 잠재력이 다시 그 사람의 안목을 증명해 주는 것. 좋은 인연이란, 아마 그런 것이다.

이거 참 쑥스럽구만

데뷔 40주년 기념 디너쇼 포스터.
수많은 사람들이 도와줘서 성황리에 치를 수 있었다.

많이 도와줬던 후배 오나미와
40주년 기념 디너쇼 대기실에서.

이거 참 쑥스럽구만

SCENE

무대 위에서, 나는 여전히

그렇게 연기하고, 또 코미디를 하면서 쉼 없이 세월이 흘렀다. 세상은 변했고, 코미디의 형태도 그에 따라 바뀌었다. 한때는 온 가족이 텔레비전 앞에 모여 앉아 배꼽을 잡고 웃던 콩트의 시대가 저물었다. 하지만 나는 여전히 사람들을 웃게 하는 일이 즐겁다. 그 무대가 방송국의 화려한 세트이든, 작은 유튜브 채널의 소박한 스튜디오이든, 내 마음은 똑같이 설렌다.

최근에는 후배 김대희가 하는 유튜브 채널 〈꼰대희〉에 나가 아재 개그 배틀이라는 것을 했다. 오랜만에 하는 아재 개그가 어찌나 재밌던지, 나는 그날을 위해 마치 시험을 준비하는 학생처럼 새로운 아재 개그를 여러 개 준비해 갔다.

예를 들면 이런 거다. "의사를 여섯 글자로 하면 뭐가 될까요?" '병아리 감별사' 뭐 이런 거 말이다. 생각만 해도 피식 웃음이 나는, 그런 가볍고 즐거운 말장난이 나는 참 좋다. 세상에서 가장 잠을 안 자는 동물은 '자라'. 세상에서 가장 상태가 안 좋은 굴은 '니 얼굴'. 제철회사 회장님을 다섯 글자로 이야기하면 '철천지원수' 같은 아재 개그들.

이런 농담에 스튜디오의 제작진들이 배를 잡고 웃고, 심판을 보던 친구가 "이건 웃음이 아니라 감탄입니다"라며 놀라워하는 모습을 보면, 나는 다시 무대 위에 처음 섰던 그 시절로 돌아간 것 같은 기분이 든다. 수많은 관객 앞에서 처음으로 내 개그에 웃음이 터져 나왔을 때의 그

이거 참 쑥스럽구만

전율. 남을 웃게 한다는 것이 이토록 짜릿하고 행복한 일이라는 것을, 나는 수십 년이 지난 지금도 매 순간 다시 깨닫는다.

결국 내 본질은 코미디언이다. 사람들에게 즐거움을 줄 수 있다면, 그것이 한 시대를 풍미했던 콩트이든, 깊은 감동을 주는 영화이든, 혹은 이런 소박한 아재 개그이든, 나는 무엇이든 기쁘게 할 준비가 되어 있다. 그것이 내가 가장 잘할 수 있는 일이기 때문이다.

SCENE

이제야 보이는 것들

젊은 시절의 나는 어떤 면에서는 참 열정적이었다. 장진 감독의 말에 따르면, 동막골 연극 연습을 할 때 내가 화를 내며 "저 새끼 죽여버릴까" 하고 소리친 적도 있다고 한다. 솔직히 지금은 그 순간이 뚜렷하게 기억도 잘 나지 않는다. 하지만 그랬을 거다.

그때의 나는 작은 것 하나에도 신경을 썼고, 내 뜻대로 무대가 완성되지 않으면 쉽게 마음 상했었다. 한때는 무대의 중심에서 어떻게든 돋보이려고 애썼지만, 이제는

이거 참 쑥스럽구만

다른 사람을 빛나게 해주는 것이 지금의 내가 할 수 있는 최선의 역할이라는 생각이 든다.

나이가 들고, 세상을 조금 더 겪어보니 이제야 비로소 보이는 것들이 있다. 최고의 자리에 오르는 것보다 중요한 것은, 그 자리에서 어떻게 머무르며 주변과 아름답게 조화를 이루는가 하는 것이다. 내 가족을 먼저 챙기고, 내 주변의 동료들을 아끼고, 나를 찾아주는 사람들에게 마음에 부담을 주지 않는 것.

그렇게 내가 가진 작은 복을 소중히 여기며, 잔잔하고 평화로운 일상을 살아가는 것. 그것이 수많은 풍파를 겪고 난 지금의 내가 찾은 진짜 '인생'의 의미다.

요즘 내 새로운 롤모델은 고 송해 선생님이다. 연세가 지긋할 때까지 항상 건강히 활동하셨던 것에 대해 존경심을 갖고 있다. 시간이 지나면서 나이와는 상관없이 활발히 활동하는 선배님들을 보면 많은 것을 배운다. 이순재 선생님, 신구 선생님처럼 자기관리를 철저히 하면서 열심히 활동하시는 선배님들을 보면 존경심이 저절로 든다.

내 오랜 별명이 '젊은 오빠'지만 내 주변에도 젊은 오빠들이 많다. 남진 형님, 김용건 형님, 임성훈 형님을 보면 배우고 싶다는 생각을 많이 한다. 존경할 어른, 형님들이 주변에 이렇게 많이 있다는 것도 나의 또 하나의 복이다. 이런 형님들처럼 오래 건강히 활동하고 싶다는 생각을 늘 하지만 잘 될지는 모르겠다.

나는 오늘도 내가 좋아하는 그림을 그리고, 가끔은 후배들과 만나 즐거운 수다를 떨며, 내가 할 수 있는 가장 편안하고 즐거운 일들을 하며 살아간다. 그것만으로도 나는 충분히 행복하고, 또 진심으로 감사하다.

이거 참 쑥스럽구만

나의 롤모델인 고 송해 선생님과 함께.

SCENE

결국, 모든 것은 나를 위한 풍경이었다

내 인생을 찬찬히 돌아보면, 모든 순간들이 거대한 그림의 한 조각이었다는 생각이 든다.

충청북도 단양에서 뛰어놀던 '백곰'이라는 별명의 건강한 아이, 친구들을 웃기는 게 가장 즐겁던 오락반장, 재밌는 것을 궁리하던 응원단장, 그리고 사람들에게 웃음을 선사하는 코미디언. 나는 늘 내가 좋아하는 것, 그리고 나를 즐겁게 하는 방향을 택하며 살아왔다. 그 선택들은 때로 '무모한 도전'처럼 보이기도 했다. 이 길 위에서 나는

이거 참 쑥스럽구만

수없이 넘어지고, 또 수없이 실패했다.

하지만 돌이켜보면 그 모든 실패의 시간조차 낭비가 아니었다. 오히려 그 시간들 덕분에 나는 내 길이 아니었던 곳을 기웃거리지 않고, '웃음'이라는 나의 우물을 더욱 깊게 팔 수 있었다. 우물을 직접 파지 않을 때도 나는 그 곁을 떠나지 않았다. 그렇게 버티고 서성였더니, 내 인생의 귀인들이 하나둘씩 나타났다. 전유성, 김학래, 심형래, 이홍렬, 김정식, 이성미. 그리고 열거하지 않았지만 함께했던 모든 선후배님, 많은 PD, 작가, 감독, 스태프분들, 살면서 나랑 인연을 맺은 수많은 분들까지.

나는 그들과 함께 울고 웃으며, 서로를 비추는 거울이 되어 함께 성장했다. 그들이 없었다면 지금의 나도 없었을 거다. 사람의 인생에서 가장 큰 재산은 돈이나 명예가 아니라, 바로 사람이라는 것을 나는 내 삶을 통해 배웠다. 그래서 나는 지금도, 내가 받은 그 마음들을 다시 돌려주고 싶다.

많은 인기를 누리며 '젊은 오빠'로, '빨간 양말'로 분주하게 살았던 시절도 있었다. 하루아침에 스타가 되어 얼떨떨했고, 때로는 스스로가 감당하기 힘든 사랑에 조금은 건방을 떨었던 때도 있었다. 하지만 수많은 별이 피고 지는 것을 보며, 나는 결국 겸손함이야말로 가장 오래 빛나는 별이라는 것을 깨달았다. 그렇게 나는 조금씩, 그리고 천천히, 뜨거웠던 청춘을 지나 잔잔하고 평화로운 지금에 이르렀다. 이제 나는 화려한 무대의 조명보다는, 내 화실을 비추는 오후의 햇살이 더 편안하다.

　매일 그림을 그리고, 오후에는 당구장에서 소박한 즐거움을 찾고, 저녁에는 가족과 함께 밥을 먹는 이 단조로운 일상이 나에게는 더없이 소중하다.

　돌이켜보면 내 인생의 모든 순간이 지금의 나를 만들었다. 넘어졌던 경험이 나를 더 조심하게 만들었고, 가난했던 시절이 나를 더 절제하게 만들었으며, 수많은 좋은 인연들이 나를 더 따뜻한 사람으로 만들었다. 시골뜨기

이거 참 쑥스럽구만

소년이 겪었던 짝사랑의 열병, 군대에 간 아들을 보며 흘렸던 눈물, 콩트 속 우스꽝스러운 몸짓, 영화 촬영장에서의 혹독한 고생, 그리고 캔버스 위의 서툰 붓질까지.

그 모든 것이 지금의 나를 이루는 풍경의 한 조각이었다. 그렇게 생각하니, 감사하지 않을 순간이 하나도 없다. 나는 오늘도, 나에게 주어진 이 평화로운 하루를 살며, 내가 할 수 있는 가장 편안하고 즐거운 일들을 하며, 나라는 사람의 마지막 그림을 천천히 그려가고 있다.

지금 내가 이룬 것은 오로지 시청자분들의 관심과 사랑 덕분이다. 그게 아니었다면 이렇게 오래 꾸준히 걸어오지 못했을거다. 늘 지켜봐 주시고 응원해 주시는 시청자 여러분께 다시 한번 감사드린다

이거 참 쑥스럽구만

초판 1쇄 인쇄 | 2025년 9월 10일
초판 1쇄 발행 | 2025년 10월 14일

지은이 | 임하룡

발행인 | 정병철
발행처 | ㈜이든하우스출판
등 록 | 2021년 5월 7일 제2021-000134호
투 자 | 김준수
자 문 | 장하일
편 집 | 인스튜디오
디자인 | 스튜디오41

주 소 | 서울시 마포구 양화로 133 서교타워 1201호
전 화 | 02-323-1410
팩 스 | 02-6499-1411
이메일 | jbc072@naver.com
ISBN | 979-11-94353-33-1 (03810)
ⓒ 임하룡, 2025

* 잘못된 책은 구입하신 곳에서 바꿔드립니다.
* 이 책은 저작권법에 의하여 보호를 받는 저작물이므로 무단 전재와 복제를 금합니다.
  이 책 내용의 전부 또는 일부를 이용하려면 반드시 저작권자와 ㈜이든하우스출판의
  서면 동의를 받아야 합니다.

㈜이든하우스출판은 여러분의 소중한 원고를 기다립니다.
책에 대한 아이디어와 원고가 있다면 'jbc072@naver.com'로 보내 주세요.